看板役者の旅先仕込み
全国簡単激旨酒肴レシピ180

居酒屋富美男

著◎梅沢富美男

日東書院

居酒屋富美男

いらっしゃいませ。ようこそ、居酒屋富美男へ。
店長の梅沢富美男と申します。
これからご紹介するのは、当店自慢の秘伝おつまみの数々。
とりあえずのまずは一品から、サラダ、揚げ物、めん、ご飯まで、
あなたの舌とお腹を満足させる幅広いメニューを取り揃えました。
しかもすべて三手順以内でできるお手軽レシピばかり。

今宵も開店

店長は僕でありながら、あなたでもあります。
一人で静かに飲むとき、誰かとわいわい飲むとき、
いつだって思い立ったときに、どこでも、
居酒屋富美男はあなたをお待ちしております。
さあ、今夜もはりきって開店といきましょうか。

富美男流

おつまみの極意

僕がおつまみを作るときに気をつけていることはこの三点
気持ちよくお酒を飲むためには、自分が楽しむこと、
一緒にいる人たちとの和を考えることが大事だと思うんだ

一 手早く、簡単、自分流！

乾杯はみんな揃ってしたいから、おつまみはすぐに作れるものが一番。
調理に時間がかかって、
誰かが食卓につけないっていうんじゃ本末転倒だからね。
今は電子レンジとかフードプロセッサーとか
便利な調理器具があるんだから、是非フル活用してみてよ。

二 チャレンジ精神を持つ!

とにかく思いついたらチャレンジしてみること!
僕は今までにも、寄せ鍋をトマト味にアレンジしたり、
塩辛で炒め物を作ったりしたことがある。
こういう工夫が新しいおいしさを見つけるコツだったりするんだよね。
失敗したと思っても大丈夫!
しょう油を入れればだいたい何とかなるからさ(笑)。

三 ご飯にも合う濃いめ味つけ!

僕は外よりも家で飲むのが好きなんだ。
だからおつまみは、お酒を飲まない子どもたちでも
ご飯と一緒に食べられるようなものにしている。
お酒を飲めないから別々に食べる、なんて悲しいじゃない。
食べながら「これはこういう風に作ったんだよ」
なんて話をするとまた盛り上がるんだ。

富美男店長オススメ

お酒とおつまみの組み合わせ

第一章

とりあえずの まずは一品

第二章 あっさり軽めに サラダと和え物

第三章 ボリューム重視でしっかり食べたい 蒸し物・煮物 焼き物・炒め物

第四章 やっぱりこれがなきゃ！ 揚げ物

第五章 〆にもがっつり食べたいときにも ご飯・めん・スープ

第六章 お口直しに甘味

富美男店長秘蔵 旬のおつまみレシピ

レシピについて

大さじは15cc、小さじは5cc、1カップは200ccです。

材料にある「しょう油」は濃口しょう油、「だし汁」はかつおの一番だしです。

電子レンジは特に指定がない限り、500wを基準にしています。

水溶き片栗粉は、水：片栗粉＝1:1を混ぜたもの。またはダマになりにくい水：片栗粉＝2:1を混ぜたもの。お好みで使い分けてください。

富美男店長オススメ

お酒とおつまみの組み合わせ

まずはオススメをご紹介！
今晩飲むお酒の種類に合わせて選んでみてください

P.42

キムチサンド

キムチのピリ辛とマヨネーズのコクがビールに合うんだよ。

P.98

えびパン

外はカリッと中はふんわり。この食感の妙がいいね。

P.105

肉の薄揚げ

パリッとした食感と、しょうがじょうゆ油の風味が最高！

P.109

なつかしのハムカツ

ハムを揚げるだけのスピードメニュー。だけど旨いんだ。

P.120

ちくわ明太

ピリ辛＆青のり風味とビールは、最高の組み合わせだね。

［ ビール ］

家に着いたらまずは駆けつけ一杯！
熱々揚げ物とピリ辛おつまみでビールがすすむ

P.75

焼きなすトロロ

だししょう油の染みたなすと、トロロでスルスル入っていくよ。

P.78

だし巻き卵

だしと卵のやさしい味わいに、七味がピリッと効いているね。

P.80

なす&大根ギョーザ

皮の代わりの野菜が、食感と味わいのアクセントになるんだ。

P.115

谷中天

味つけは塩でシンプルに。しょうがそのものを堪能して欲しい。

P.142

焼きそば

半熟状の黄身を割って、麺に絡めながら食べると旨いんだコレが！

［焼酎］

いも、麦、米、黒糖、そばなどなど、ひと口に焼酎といっても好みはさまざま。僕はもっぱら麦焼酎の緑茶割だけど、どの焼酎にも合うものを厳選したよ

P.37

サーモンムース

はんぺんでムースの食感を。ちょっとした発想が新しい味を生む。

P.38

炎のカマンベール

トロッとしたカマンベールと洋酒は、文句なしの好相性だね。

P.43

タラモロールサンド

巻いてから少しおいた方が、味が落ち着いてオススメだね。

P.76

ツブ貝のエスカルゴ

バターとにんにくの風味に、ツブ貝のコリコリした歯応えが絶品！

P.88

アンチョビポテト

アンチョビの塩気が結構効いているので、塩は適度に調節しよう。

[洋酒]

ウィスキー、ブランデー、ウォッカなどの洋酒にはまろやかなチーズやにんにくが効いた、パンチのある味が合うね

P.24

ささ身と三つ葉のおひたし

酒蒸ししたやわらかいささ身に、
だしじょう油の味が染み込んで。

P.28

なんでもこぶじめ

食材の味わいと、昆布の旨味が合
わさって独特の風味を味わえる。

P.65

まぐろの黄身和え

さっぱりした赤身に、卵黄がまろ
やかさをプラスしてくれる。

P.68

とんぶり納豆

とんぶりのプチプチ感が楽しい一
品。ズルズルっとかき込みたいね。

P.70

かきの昆布蒸し

バター風味の濃厚なかきを、ポン
酢と大根おろしでさっぱりと。

［ 日本酒 ］

寒いときは熱燗で、暑い夏は冷酒でと
その時々で飲み方が変わる日本酒
どっちにも合う、これぞ和のおつまみ！ を取り揃えたよ

P.32

しじみのしょう油漬け

漬け汁にも紹興酒を使っているからね。相性はお墨付きだよ。

P.84

青菜炒め

にんにくと鶏ガラのシンプルな味つけは、いつまでも飽きない。

P.91

春雨ミンチ炒め

豆板醤と甜麺醤のW使いが効いたピリ辛味は、酒がすすむんだ。

P.96

揚げピーナッツ

定番のピーナッツは揚げるとより香ばしく。手が止まらなくなるよ。

P.104

砂肝揚げ

定番おつまみに五香粉でアレンジ。揚げる前に味をつけておこう。

[紹興酒]

長い年月を経て生み出される、
芳醇な香りと深い味わい。うまく調和する
おつまみを揃えたので、ぜひお試しあれ!

第一章

とりあえずの まずは一品

いきなりがっつりいくよりも、
まずは軽い一品ものからいこう
いろいろな種類をちょっとずつ食べてもいいな

残り野菜のナムル

一 Aは合わせておく。

二 もやしとぜんまいは、それぞれさっと茹で、にんじんと大根は千切りにして軽く茹でておく。ほうれん草もさっと茹でて冷水に取って冷まし、3～4cmに切って水気を絞る。

三 二を一で和え、器に盛る。

[材料4人分]

もやし		1/2袋
水煮ぜんまい		1/2袋
ほうれん草		1/2束
にんじん		1/2本
大根		1/6本
A	ごま油	1/4カップ
A	塩	小さじ1/2
A	おろしにんにく	1/2片分
A	すりごま	大さじ1

ニラジャン

一 Aは合わせて煮立て、冷ましておく。

二 ニラは細かく刻む。

三 一と二を合わせ、器に盛り、糸唐辛子を飾る。

富美男のこだわりポイント

豆腐やご飯にたっぷりかけて食べよう。糸唐辛子のピリッとした風味もいいアクセントだ。

［材料4人分］

ニラ……………………… 1束
A しょう油 ………… 1/4カップ
A みりん …………… 大さじ2
糸唐辛子……………… 少々

ツナのみどり酢

一 ツナを缶から出して皿に盛る。

二 きゅうりはすりおろして水気を切り、Aと合わせて一にかける。

富美男のこだわりポイント

食べるときは豪快に混ぜてから！
きゅうりとお酢のさっぱり感に箸がすすむ。

［材料2人分］

	ツナ缶（大きめ）	1缶
	きゅうり	1本
A	だし汁	大さじ1
A	酢	大さじ1
A	しょう油	小さじ1
A	塩	小さじ1/6

アスパラのアイオリソース

一 グリーンアスパラは下部5cmの皮をピーラーなどで薄くむき、沸騰した湯で50秒茹でてそのまま冷ます。

二 ボウルに**A**を入れて合わせ、オリーブオイルを少しずつ加えながら小さなホイッパーなどでよくかき混ぜる。

三 皿に**二**のソースを敷き、**一**を並べていくらをのせる。

［材料2人分］

	グリーンアスパラ	4本
A	卵黄	1個分
A	おろしにんにく	少々
A	塩、こしょう	各少々
A	オリーブオイル	大さじ2
	いくら	大さじ2～3

ささ身と三つ葉のおひたし

一 鶏ささ身は筋を取り、**A**とともに小鍋に入れてフタをし酒蒸しした後、あら熱を取って大きめに手で裂く。糸三つ葉はさっと茹でて冷水に取り、水気を切って3〜4cmに切る。

二 **B**を鍋で煮立てて冷ましておく。

三 器に一を盛り、二の汁をかける。

［材料2人分］

	鶏ささ身	2本
A	酒	大さじ1
A	水	大さじ3
A	塩	少々
	糸三つ葉	1パック
B	だし汁	1/4カップ
B	しょう油	大さじ1

中華風冷や奴

一 きゅうりとザーサイ、長ねぎはそれぞれみじん切りにする。

二 絹ごし豆腐は半分に切って器に盛り、一をのせてごま油としょう油をかける。

富美男のこだわりポイント

ザーサイの風味が活かされた一品。ごま油の香ばしさが加わって、よりいっそう中華味に。

［材料2人分］

絹ごし豆腐……………………１丁
きゅうり………………………1/2本
ザーサイ（瓶づめでも可）…大さじ４
長ねぎ…………………………３㎝
ごま油、しょう油……………各適量

なんでも味噌漬け

一 **A**の味噌床半量をバットに平らに入れ、ガーゼを2枚重ねて敷き、穴をあけて卵黄とうずら卵をのせ、残りの材料も同じようにおく。

二 **一**に2枚重ねのガーゼをのせて残りの味噌床を平らに塗るようにして入れ、1日おいて味をなじませる。

材料は重ねないように並べること。卵黄をのせるときはつぶさないようくれぐれも注意を！

［材料4人分］

A	味噌	300g
A	みりん	1/4カップ
A	酒	1/4カップ
	ガーゼ	4枚
	卵黄	4個分
	ゆでうずら卵	4個
	スモークサーモン（甘めのもの）	40g
	山芋	80g
	たらこ（甘めのもの）	1/2腹（1本）

なんでもこぶじめ

一 だし用昆布は酒をふってしめらせておく。

二 白身魚も食べやすい大きさに切る。たらこはそぎ切り、ホタテは2枚に切る。いかはさばいて身のみ皮をむき、そぎ切りにしておく。

三 バットに昆布4枚を敷き、二と牛たたきを並べて上に残りの4枚を重ね、軽い重石をのせて冷蔵庫で一晩おく。

材料は重ならないように並べる。重石は適当なものがなければ、水を張ったボウルでも代用可。

［材料4人分］

だし用昆布	20cmのもの８枚
白身魚の刺身	１人前
たらこ	1/2腹（１本）
ホタテ生食用	４個
いか生食用	1/2枚
牛たたき	４切れ
酒	大さじ４

大根昆布

一　大根は拍子切りにして塩昆布と一緒にビニール袋に入れ、軽く揉むようにして混ぜる。

二　30分経ったら大根の味を見て、物足りないようであれば塩少々（分量外）を加え、さらに15分ほどそのままおく。

三　二の水気を絞って器に盛る。

［材料4人分］

大根……………………… 1/2本
塩昆布…………………… 15g

簡単浅漬け

一 なすは半月の薄切りにし、青シソとしょうがは千切り、みょうがはスライスする。

二 ボウルに一を入れて塩をふり入れ、少し揉んでから15～20分おいて絞る。

三 二を器に盛り、かつお節をかける。

［材料4人分］

なす……………………… 5～6個
大葉………………………10枚
みょうが………………… 2個
しょうが………………… 1片
塩　……………………… 小さじ1
かつお節………………… 適量

しじみのしょう油漬け

一 しじみは砂を吐かせたらよく洗って水気を切り、一度冷凍する。

二 一を凍ったままフライパンに入れ、酒をふってフタをし、酒蒸しにする。

三 二のカラが開いたら汁ごとAと合わせて保存容器に入れ、冷蔵庫で冷やす。

［材料2人分］

	しじみ（大きめのもの）	1カップ
	酒	大さじ2
A	唐辛子（種を取って小口切り）	1本
A	にんにく（みじん切り）	1/2片分
A	紹興酒	大さじ1
A	ごま油	大さじ1/2
A	しょう油	小さじ2

自家製ツナ

一 まぐろは塩をふって1時間おく。

二 水気をふいて85℃の油の中で50分じっくり加熱してそのまま冷まし、皿に盛ってさんしょを飾る。

富美男のこだわりポイント

塩だけで味つけしたシンプルな一皿。低温でじっくり加熱するのが、身をやわらかく仕上げるコツだ。

[材料4人分]

まぐろ赤身刺身用…… 2さく
塩 ……………………… 小さじ1/2
サラダ油……………… 2・1/2カップ
さんしょ……………… 2枚

和カナッペ

一 サンドイッチ用食パンは4等分に切ってバターを塗り、のりの佃煮を重ね塗りしてカマンベールチーズをのせ、大葉を飾る。

[材料4人分]

サンドイッチ用耳なし食パン……２枚
バター……小さじ２
のりの佃煮……大さじ２・1/3
クリームチーズ
（塗るタイプのやわらかいもの・なければカマンベールチーズ）…1/6個
大葉千切り……少々

酒かすカナッペ

一 酒かすは湯をふりかけ、10分おいてつぶすようにしてとろりとさせる。

二 一とオリーブオイル、塩、こしょうを合わせて小さな泡立て器を使って混ぜる。混ぜにくく分離しやすい場合は熱湯少々（分量外）を加えるとよい。

三 サンドイッチ用食パンを4等分に切って二を塗り、軽くトーストする。

[材料4人分]

サンドイッチ用耳なし食パン…２枚
酒かす……大さじ２
湯……小さじ２
オリーブオイル……大さじ２
塩、こしょう……各少々

三種のカナッペ

アンチョビのカナッペ

一　サンドイッチ用食パンは4等分に切って、合わせたAを塗り、モッツアレラチーズをのせてオーブントースターで色よく焼く。

［材料4人分］

サンドイッチ用
耳なし食パン…………２枚

A	バター	……………大さじ２
	アンチョビ（みじん切り）	…２本分
	こしょう	…………少々

モッツアレラチーズ…適量

なすのキャビア

一 なすは皮つきのまま表面がこげるまでよく焼いて皮をむき、包丁で細かくたたく。

二 フライパンにオリーブオイル大さじ3を熱し、にんにくのみじん切りを炒め、香りが出てきたら一のなすを入れる。塩で味をととのえ、水分が少なくなってきたら器に移して残りのオリーブオイルを足して冷蔵庫で冷やす。

三 二の上にバジルをちぎってのせ、クラッカーを添える。

［材料4人分］

なす……………………………5～6本
にんにく（みじん切り）…2片分
オリーブオイル……………大さじ4
塩　…………………………適量
バジル（生）………………適量
クラッカー…………………適量

サーモンムース

一 スモークサーモンはひと口大に切り、4等分にしたはんぺん、塩、こしょうと一緒にフードプロセッサーにかけてムースを作る。塩分のあるクラッカーを使用する場合、塩は控えめにする。

二 クラッカーに一をのせてレモンスライス、パセリ、ピンクペッパーを飾る。

[材料4人分]

スモークサーモン…… 50g
はんぺん………………… 1枚
塩、こしょう………… 各少々
クラッカー…………… 16枚
レモンスライス、パセリ、
ピンクペッパー……… 各適量

炎のカマンベール

［材料２人分］

カマンベールチーズ… １個
ブランデー…………… 大さじ１～２
クラッカー…………… 適量

富美男のこだわりポイント

火をつけたらそのまま自然に消えるまで、しばらく待って、中までしっかり加熱しよう。

一　カマンベールは上の部分を切り、そのまま耐熱皿にのせて２分レンジにかける。

二　一の上からブランデーをかけ、すぐに火をつける。

三　二の火が消えたら、中身のトロッとしたところをスプーンですくい、クラッカーにのせて食べる。

ブルスケッタ

一 トマトは1cmの角切りにする。Aは混ぜ合わせておく。

二 フランスパンは、1cm厚さの斜め薄切りにし、カリカリにトーストしたら、にんにくをこすりつけてオリーブオイルをかける。

三 Aを二の上にのせてセルフィーユを飾り、皿に盛る。

［材料4人分］

フランスパン……………………1/2本

A
- トマト ……………………1個
- 玉ねぎ（みじん切り） …大さじ1
- オリーブオイル …………大さじ1・1/2
- 塩、こしょう ……………各少々

にんにく…………1/2片

オリーブオイル…適量

セルフィーユ……少々

吉田さんのカルパッチョ

一 水菜は2〜3cmに切る。アンチョビは細かく切っておく。

二 小さいフライパンにオリーブオイルとにんにくを入れて熱し、少しフツフツとなってにんにくが色づきはじめたらアンチョビを加え、火を止めてそのまま冷ます。

三 皿に白身魚を並べたら中央に水菜を盛り、二を白身魚にかける。

［材料2人分］
白身魚の刺身（小さめ）…1さく分
水菜……………………………1/2株
オリーブオイル……………大さじ3
にんにく（みじん切り）…1/2片分
アンチョビフィレ…………2本

キムチサンド

一 ハムときゅうりはそれぞれ千切りにする。

二 **A**をマヨネーズで和える。

三 サンドイッチ用食パン1枚の内側（具に当たる面）にバター小さじ1を塗り、もう1枚は外側（ホットサンドメーカーに当たる面）にバター小さじ1を塗ってサンドし、ホットサンドメーカーでトーストする。ホットサンドメーカーがない場合は8枚切りのパンをトーストし、具をはさむ。

［材料2人分］

８枚切り耳なし食パン…………４枚
バター………………………………大さじ１・1/3

A
- ハム ……………………………２枚
- きゅうり ………………………1/4本
- キムチ（粗みじん切り） …大さじ２
- ゆで卵（みじん切り） ……1/2個分

マヨネーズ………大さじ１
パセリ……………適量

タラモロールサンド

一 じゃがいもは皮つきのまま丸ごとラップをし、レンジにかける。やわらかくなったら皮をむいてつぶし、塩、こしょうする。

二 一にAを合わせてタラモサラダを作る。

三 サンドイッチ用食パンは、巻き上がりがくっつきやすくなるよう、はじを斜めに切る。バターと二を塗るようにつけてラップでくるくると巻き、そのまま少し落ち着かせてから3等分に切る。器に盛ってセルフィーユを添える。

［材料4人分］

サンドイッチ用耳なし食パン………４枚
じゃがいも………………………………１個
A｜たらこ ……………………………1/2本
　｜マヨネーズ ………………………大さじ１・1/2
塩、こしょう、バター………………各適量
セルフィーユ…………………………適量

ひと口オムライス

一 サラダ油を熱したフライパンで玉ねぎを炒め、ご飯と**A**を加えてさらにさっと炒める。

二 ボウルに卵を割りほぐし、一と**B**を加える。

三 たこ焼き器を熱し、サラダ油（分量外）を薄く敷いたら二を流し入れ、焼けてきたら竹串などでくるくると返しながら、まんべんなく焼き色をつける。

［材料14個分］

	ご飯	茶碗１杯分
	玉ねぎ（みじん切り）	大さじ２
A	ケチャップ	大さじ２～３
A	塩、こしょう	各適量
	卵	２個
B	片栗粉	大さじ１
B	酒	大さじ１
B	塩、こしょう	各少々
	サラダ油	大さじ１

お麸スナック

一 フライパンにサラダ油を熱し、お麸を炒める。

二 一にAをまぶす。

富美男のこだわりポイント

炒める時間は好みで調節してくれ。強火でさっと炒めると香ばしい仕上がりになるぞ。

［材料2人分］

お麸（小さめ）……… 1カップ
サラダ油……………… 大さじ2
A カレー粉 ………… 小さじ1
A アジシオ ………… 小さじ1/2

ラーメンスナック

一 市販のラーメンを手でひと口大に割り、170℃の油で揚げる。

二 一にクレイジーソルトをまぶす。

富美男のこだわりポイント

クレイジーソルトの他にも、好みでカレー粉や岩塩で味つけしても旨い！

［材料2人分］

市販のラーメン……… 1袋
揚げ油…………………… 適量
クレイジーソルト…… 適量

ハムカップエッグ

一 シリコン製マフィン型などに薄切りロースハムを入れて、手で押し込む。

二 一に卵を割り入れ、塩、こしょうをふってミートソースをかけ、とろけるチーズをのせてオーブントースターに8分かける。

富美男のこだわりポイント

シリコン製のマフィン型がなければ、アルミカップや、小さめの耐熱性のガラス容器でも代用可。

［材料4人分］

ロースハム（薄切り）… 4枚
卵 ……………………… 4個
ミートソース(市販) …… 大さじ4
とろけるチーズ………… 小さじ4
塩、こしょう…………… 各少々

簡単味つけ卵

一 鍋に卵とかぶるくらいの水を入れて火にかけ、沸騰したら中火にして8分茹でる。

二 一のカラをむき、温かいうちに保存袋にめんつゆと一緒に入れて20分おき、味をしみ込ませる。

［材料4人分］

卵 ……………………… 4個
めんつゆ……………… 1/2カップ

半月卵のあんかけ

一 フライパンに多めのサラダ油を熱し、卵を割り入れて半熟の目玉焼きを作り、塩、こしょうをふって半分に折る（ポイント参照）。

二 鍋にAを煮立てて、水溶き片栗粉でとろみをつける。

三 一を器に盛って、二のあんをかけ、香菜を飾ってラー油をかける。

富美男のこだわりポイント

目玉焼きを半分に折るときは、フライパンを傾けて、ふちを使うのがきれいにたたむコツだ。

［材料2人分］

卵		２個
サラダ油		適量
塩、こしょう		各少々
A	鶏ガラスープの素	小さじ１
A	水	1/2カップ
A	塩、こしょう	各少々
水溶き片栗粉		適量
香菜		適量
ラー油		少々

やっぱり家飲みが一番

　僕は本当に家で飲むのが好きなんだよね。家族とスタッフだいたいいつも8人くらいで、子どもの学校のこととか、妻の仕事のこと、その日のニュースや僕の舞台のことなんかを、飲んだり食べたりしながら話すんだ。仕事で地方に出ていることが多いから、東京にいるときはなるべくそうやって家族と一緒に過ごすようにしている。僕にとっては、家飲みって大事なコミュニケーションの時間なんだよ。気をつかわず楽しく飲めるのがいいんだ。外みたいに周りの目を気にする必要がないから、飲んで眠くなったらそのまますぐ寝れちゃうしさ(笑)。

　それに自分で料理できると、いいストレス解消になるんだよ。おつまみの準備は日によってまちまちだね。最初から今日はコレが食べたい！って決まっているときは予め材料を買ってから家に帰るし、冷蔵庫をのぞいてあるものでパパッと作っちゃうこともある。しょうがを薄切りにして、味噌とかつお節を混ぜただけのものなんて、ものすごく簡単だけどめちゃくちゃ旨いんだよ。とにかく家おつまみは手早くが一番！　それで一緒に飲んでるみんながいい気分になってくれたら言うことないね。最近じゃ子どもも料理に興味を持ってくれてさ、家に帰ると僕が知らないようなおしゃれな料理作ってたりするんだ。次はそれを元に僕が新しい料理を作ったりしてさ。やっぱりこういう時間があるから仕事も頑張れるんだと思うよ。

第二章

あっさり軽めに
サラダと和え物

野菜や魚介であっさりと
材料を切って調味料で和えるだけの
お手軽さも魅力だ

塩昆布サラダ

一 スモークサーモンはひと口大に切り、茹で卵は5㎜の角切りにする。レタスとサニーレタスは食べやすい大きさにちぎり、トマトは1㎝の角切りにする。きゅうりはピーラーで斜め薄切りにする。

二 Aは合わせておく。

三 トマトときゅうりを塩昆布と合わせたら、松の実以外の野菜も加えてさっと混ぜ合わせる。器に盛り、松の実を散らして二のソースを添える。

［材料2人分］

スモークサーモン	80g
茹で卵	1/2個
レタス	1枚
サニーレタス	1枚
トマト	1/2個
きゅうり	1/2本
塩昆布（市販の細かめもの）	10g
松の実（ローストしたもの）	大さじ1〜2
A マヨネーズ	大さじ2
A 生クリーム	大さじ1
A コンソメスープ	大さじ1
A 塩、こしょう	各少々

大根サラダ

一 大根はスライサーなどで、ごく細く切り、塩（分量外）をふっておく。Aは合わせておく。

二 大根をかに缶（またはほたて缶）と合わせる。

三 食べる直前にAのドレッシングと和え、器に盛ってパセリを散らす。

［材料2人分］

	大根	1/4本
	かに缶（またはほたて缶）	1缶（身のみ）
A	マヨネーズ	大さじ4
A	コーヒークリーム	1個
A	しょう油	小さじ1
A	塩	少々
	パセリ（みじん切り）	適量

ポテトサラダ

一 じゃがいもは6等分に切って一度水にさらした後、鍋にかぶるくらいの水と一緒に入れて茹で、やわらかくなったら湯を捨てて粉ふきいもにし、熱々のうちにつぶして塩、こしょうをする。

二 きゅうりは小口に切って塩をふり、15分おいて絞る。ハムは千切りにする。

三 一と二をAで和える。

［材料4人分］

	じゃがいも（男爵）	2個
	きゅうり	1本
	ロースハム	2枚
	塩、こしょう	各適量
A	マヨネーズ	大さじ3
A	生クリーム	大さじ1
A	塩、こしょう	各少々

さきいかキムチ

一 さきいかを合わせたAで混ぜる。

富美男のこだわりポイント

韓国味好きにはたまらない一品！　少量加えた水あめが辛いだけでなく、まろやかさも与えてくれる。

［材料2人分］

さきいか……………… 50g

A
- ごま油 …………… 小さじ1
- コチュジャン …… 小さじ1
- すりごま ………… 大さじ1
- 水あめ …………… 小さじ1
- しょう油 ………… 小さじ1
- 粉唐辛子 ………… ひとつまみ
- おろしにんにく … 少々

おかかエシャロット

一 ラッキョウエシャロットは白い部分のみ皮をむいて、スライスまたは千切りにする。

二 一とたっぷりのかつお節を合わせ、しょう油をかけて軽く混ぜる。

［材料2人分］

ラッキョウエシャロット…1束
かつお節（細かめ）………適量
しょう油……………………適量

アボのり

一 アボカドは皮と種を取り除き、ひと口大に切る。

二 Aを合わせて一を和える。

［材料2人分］

	完熟アボカド	1個
A	白だし	小さじ2
A	のりの佃煮	大さじ3
A	練りわさび	少々

富美男のこだわりポイント

アボガドの下準備

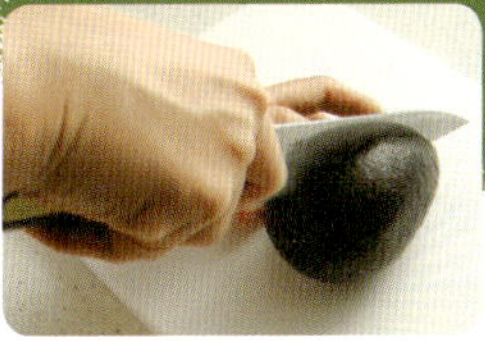

①包丁で切り込みを入れ、種に当たったらそのまま刃をぐるっと一周させる。

②種を中心にして、半分に切ったそれぞれの身を反対方向にねじる。

③種に包丁の角を刺し、軽くねじるようにして取る。

④包丁で皮に切り込みを入れ、そこから手でゆっくりと皮をむく。

和風カプレーゼ

一　トマト、モッツァレラチーズ、アボカドはそれぞれ1.5㎝の角切りにする。

二　一を合わせて皿に盛り、かつお節をのせてしょう油とオリーブオイルをかける。

［材料2人分］

完熟トマト……………………………………1個
モッツァレラチーズ…………………………1/2パック
アボカド………………………………………1/2個
しょう油、かつお節、オリーブオイル…各適量

切り干しチャンジャ

一 切り干し大根は戻してざく切りにし、水気をよく絞る。

二 一にチャンジャを加えて和える。

三 器に盛り、好みでしょう油をかける。

富美男のこだわりポイント

水分が残っていると、チャンジャの味が薄まってしまうので、戻した切り干しは十分に水気を絞ること。

［材料1人分］

切り干し大根………… 10g
チャンジャ…………… 大さじ2
しょう油……………… 適宜

いかマヨ

一 Aは合わせておく。

二 大根はすりおろして水気を切っておく。

三 皿にいか刺身を盛って二をのせ、一をかけ小ねぎを飾る。

［材料2人分］

いか刺身……………… 1パイ分
大根……………………約3cm

A
- マヨネーズ ………大さじ3
- 白だし ……………小さじ1
- しょう油 …………小さじ1

小ねぎ（小口切り）… 適量

まぐろの黄味和え

一 まぐろは角切りにし、水気をふいてAで和える。

富美男のこだわりポイント

コクがもっと欲しいときはさらに卵黄を加えても（上写真）。好みの分量を見つけてくれ。

［材料2人分］

	まぐろ刺身	1さく分
A	卵黄	1個分
A	練りわさび	小さじ1/4
A	しょう油	大さじ1

なすの和え物

一 Aは合わせておく。

二 なすは乱切りして１８０℃の油で素揚げする。桜えびもさっと揚げておく。きゅうりは小口切りにして、塩（分量外）少々をふって15分おき、絞る。

三 二とほたてを一で和え、器に盛って長ねぎを飾る。

［材料2人分］

なす		２本
きゅうり		１本
ほたて缶		1/2缶
桜えび		大さじ２
長ねぎ（みじん切り）		大さじ１
A	しょう油	大さじ1/2
A	ほたて缶の汁	1/2缶分
A	鶏ガラスープ	大さじ１
A	塩	小さじ1/4
揚げ油		適量

まずは一品
サラダと和え物
蒸し物・煮物・焼き物・炒め物
揚げ物
ご飯・めん・スープ
甘味

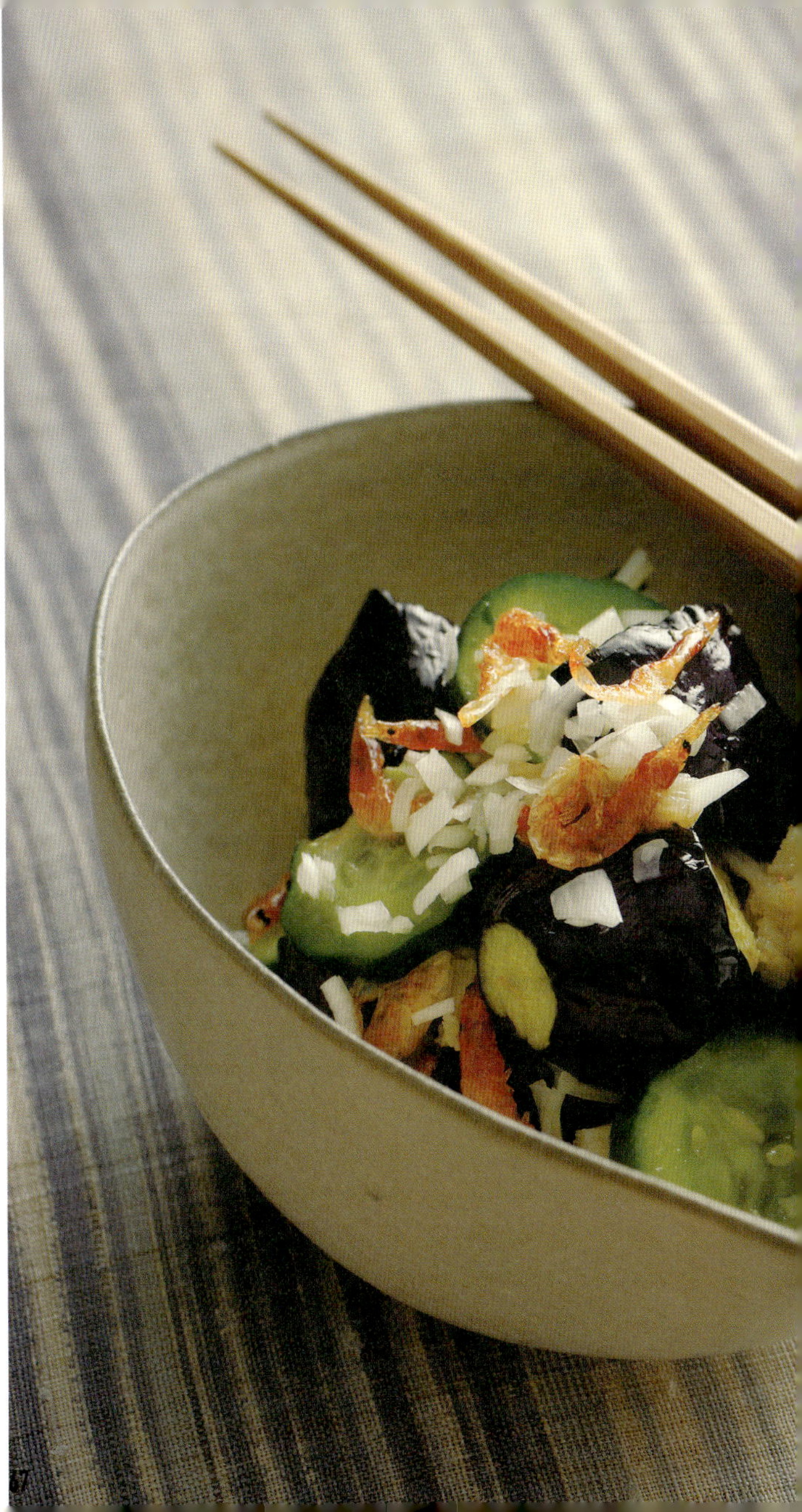

とんぶり納豆

一 オクラはさっと茹でて小口切りにする。

二 ボウルに納豆を入れてよくかき混ぜ、Aで味をつけたら一ととんぶりを加えてさらによく混ぜる。

三 二を器に盛り、うずら卵を割り入れる。

富美男のこだわりポイント

納豆にオクラを加えてネバネバ度がさらにアップ！よくかき混ぜて、一気にかき込みたい。

［材料4人分］

とんぶり……………………1/2パック
納豆…………………………1パック
オクラ………………………2本
A｜しょう油 ………………小さじ1・1/2
 ｜練りからし ……………少々
うずら卵……………………2個

第二章

ボリューム重視でしっかり食べたい

蒸し物・煮物 焼き物・炒め物

飲むだけではなく、食事もしたい！
というときに最適
濃いめのしっかり味はご飯のおかずとしてもいけるぞ

かきの昆布蒸し

一 昆布はぬれふきんでふいて、フライパンに敷く。

二 一にきれいに洗ったかきを並べてバターをのせ、フタをして表面が白っぽくなるまで中火で蒸し焼きにする。

三 二を皿に盛り、大根おろし、一味唐辛子、しょう油をかける。

［材料2人分］

かき……………………………………１パック
だし用昆布……………………………10㎝長さのもの２枚
バター…………………………………大さじ２
しょう油又はポン酢しょう油…大さじ１
大根おろし、一味唐辛子………各適量

鮭の中骨缶と大根の煮物

一 大根は食べやすい大きさに乱切りし、2〜3分茹でておく。

二 鍋に一とひたひたの水、鮭の缶汁を入れて火にかけ、沸騰したらこまめにアクを取り除きながら、中火で10分煮る。

三 二にAと鮭の中骨を加えて、さらに10分煮る。

［材料4人分］

	鮭の中骨缶	1缶
	大根	1/3本
A	しょう油	大さじ3〜4
A	酒	大さじ2
A	砂糖	大さじ2

ひとりすき煮

一 大根はピーラーで薄くスライスし、春菊は3〜4cmに切っておく。

二 平鍋にサラダ油を熱し、牛肉を焼きつけたらAを回し入れて煮立てる。

三 二に大根を加え、火が通ったら春菊も加えてひと煮立ちさせる。

［材料1人分］

牛すき焼き用肉		100g
大根		100g
春菊		2〜3本
A	だし汁	大さじ4
	しょう油	大さじ2
	砂糖	大さじ1
サラダ油		大さじ1

まずは一品
サラダと和え物
蒸し物・煮物・焼き物・炒め物
揚げ物
ご飯・めん・スープ
甘味

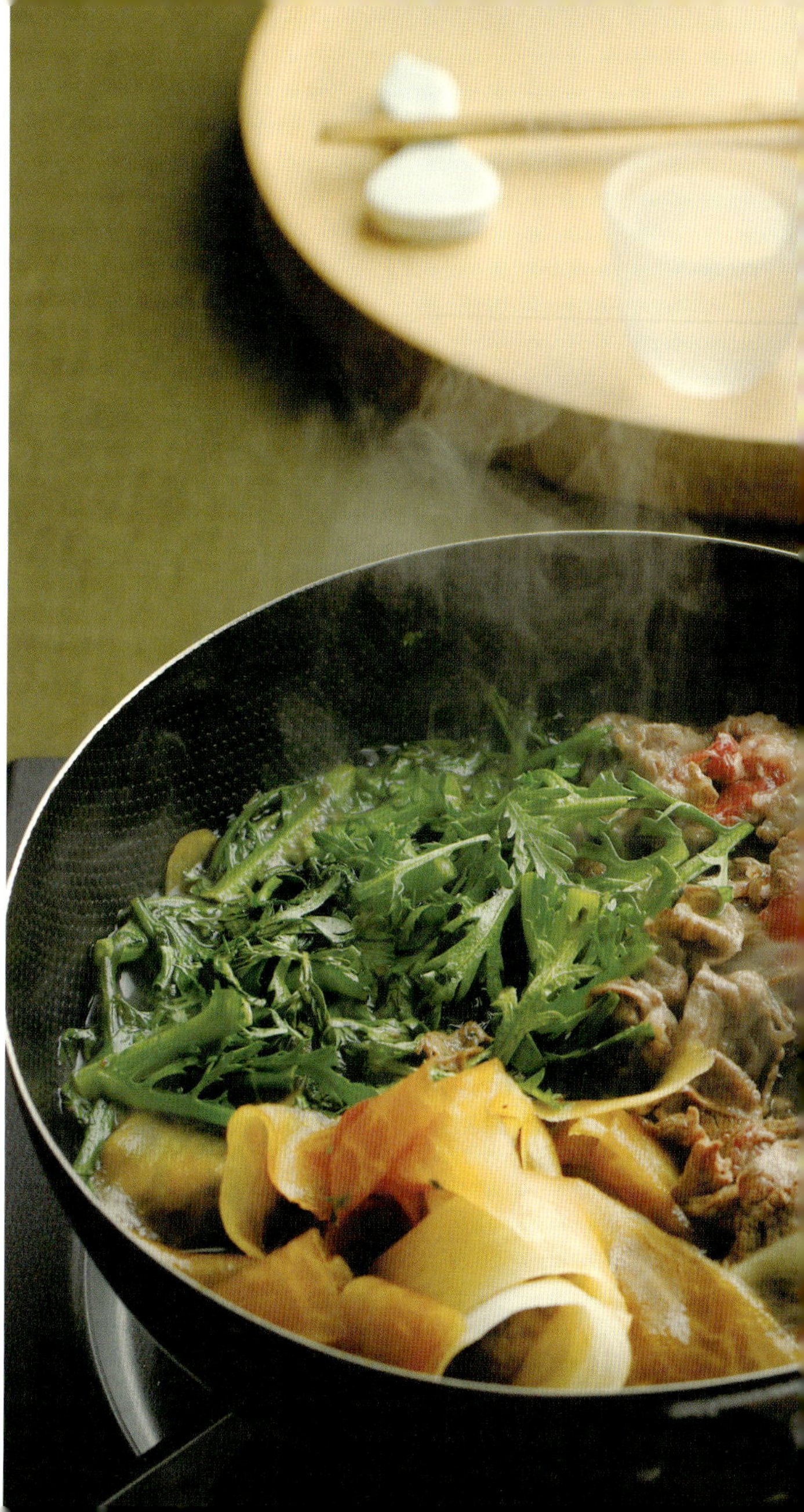

いかじゃが

一 いかはさばいて皮つきのまま、身は輪切りにし、足の部分は２本ずつ半分の長さに切る。

二 じゃがいもは６等分にし、玉ねぎはくし形に切る。

三 鍋に一と二、Aを入れて、沸騰したら落としブタをして、じゃがいもがやわらかくなるまで20～30分煮る。

［材料４人分］

	いか	１パイ
	じゃがいも	２個
	玉ねぎ	1/2個
A	だし汁	３カップ
A	しょう油	大さじ３
A	砂糖	大さじ１・1/2

焼きなすトロロ

一 なすは、直火か魚焼きグリルで表面がこげるまで焼き、冷水に取って冷ます。十分に冷めたら皮をむいて2等分に切る。

二 長いもは皮をむいてすりおろす。

三 一を器に盛り、二をかけてうずら卵を割り入れ、七味唐辛子とだししょう油をかける。

［材料2人分］

- なす……………………… 2本
- 長いも…………………… 4㎝
- うずら卵………………… 2個
- 七味唐辛子……………… 適量
- だししじょう油………… 適量

たこ焼き器でツブ貝のエスカルゴ

一 エリンギとツブ貝は、それぞれ5㎜厚さに切っておく。

二 Aを合わせてエスカルゴバターをつくる。

三 たこ焼き器にエリンギとツブ貝を入れてパン粉をふり、二をのせて220℃のオーブンで表面がこんがりするまで焼く。

［材料2人分］

ツブ貝（カラなし）……………4粒
エリンギ………………………………1本
A
- バター ……………………………大さじ3
- 玉ねぎ（みじん切り） ……大さじ1
- にんにく（みじん切り） …小さじ1
- パセリ（みじん切り） ……小さじ1
- 塩、こしょう ………………各少々

パン粉…………………………………大さじ3

カリカリチヂミ

一 Aは合わせてよく混ぜる。

二 いかゲソと万能ねぎは4㎝くらいのざく切りにする。

三 一に二とごまを入れ、ざっくり混ぜる。多めの油を敷いたフライパンに大さじ2くらいの生地を流し入れ、揚げ焼きにする。

［材料4人分］

- いかゲソ……200g
- 万能ねぎ……1束
- A
  - 卵……1個
  - 天ぷら粉……1カップ
  - 水……1/2カップ
- A
  - 塩……小さじ1
  - だしの素……小さじ1/2～1
- ごま……大さじ1
- サラダ油またはごま油……適量

だし巻き卵

一 ボウルに卵を割りほぐし、塩とうまみ調味料で味をつけ、卵焼き器にサラダ油を敷いて卵液を流し入れ、だし巻き卵を作る。

二 **A**を鍋に入れて熱し、水溶き片栗粉で軽くとろみをつける。

三 **一**を切って、器に盛り、**二**をかけて大根おろしをのせ、七味唐辛子をふる。

［材料2人分］

卵		2個
塩、うまみ調味料		各少々
サラダ油		大さじ1
A	だし汁	1/2カップ
	塩、しょうゆ	各少々
水溶き片栗粉		適量
大根おろし		大さじ2
七味唐辛子		適量

豆腐のつくね

一 木綿豆腐は1時間ほど十分に水切りをし、Aと一緒にフードプロセッサーで混ぜ合わせる。

二 一を丸めて平たくし、サラダ油を熱したフライパンで両面をよく焼いて、一度取り出す。

三 二のフライパンにBを入れて煮つめ、二を戻して煮からめる。

［材料4人分］

	木綿豆腐	1丁
A	パン粉	1/2カップ
A	溶き卵	1/2個
A	塩	少々
B	しょう油	大さじ3
B	みりん	大さじ3
	サラダ油	大さじ2

なすギョーザ

一 なすは薄く縦8枚に切り、塩少々（分量外）をふって20分おき、水気を切る。

二 一のなすの片面に片栗粉をまぶし、基本のギョーザあん1/8量を包んで半分に折る。

三 フライパンにサラダ油を熱し、二のなすの両面に焼き色をつけたら水を加え、フタをして蒸し焼きにする。

[材料8個分]

なす	1～2本
基本のギョーザあん	1単位
片栗粉	適量
サラダ油	大さじ1
水	大さじ3

[基本のギョーザあん 材料1単位]

豚ひき肉	100g
ニラ（粗みじん切り）	4本分
にんにく（みじん切り）	1/2片分
しょうが（みじん切り）	1片分
味噌	小さじ1
しょう油	小さじ1
ごま油	大さじ1

[ギョーザあん作り方]

材料をすべて合わせて、よく練る。

大根ギョーザ

一 大根は薄く8等分の輪切りにし、塩適量（分量外）をふってやわらかくして水気をふく。

二 一の大根の片面に片栗粉をふって、基本のギョーザあん1/8量をのせ半分に折る（小さめのものは2枚にはさむ）。

三 フライパンにサラダ油を熱し、二を並べ片面が焼けたら返して、両面に焼き色をつける。酒と水をふりかけてフタをし、蒸し焼きにする。

［材料8個分］

大根	約10cm
基本のギョーザあん	1単位
片栗粉	適量
サラダ油	大さじ1
酒、水	各大さじ1・1/2

ポークピカタ

一 豚肉は筋切りをして塩、こしょうをふり、小麦粉をまぶす。Aは合わせておく。

二 フライパンにサラダ油大さじ1・1/2を熱し、豚肉をソテーして取り出す。

三 二の余分な油をペーパーでふき取り、残りの油を加えて再び熱し、Aをつけた二の両面をこんがり焼く。

［材料2人分］

豚肉トンカツ用		2枚
塩、こしょう、小麦粉		各適量
A	溶き卵	1個
A	粉チーズ	大さじ1
A	パセリみじん切り	大さじ1
サラダ油		大さじ3

ピーマンのきんぴら

一 ピーマンは種を取り、油揚げは熱湯をかけてそれぞれ千切りにする。

二 フライパンにごま油を熱し、ピーマンを炒めたら油揚げを加え、さっと炒めてAで味をつける。

三 二を器に盛り、白ごまをふる。

［材料１人分］

ピーマン		２個
油揚げ		1/4枚
A	しょう油	小さじ１・1/2
A	みりん	小さじ１
ごま油		大さじ1/2
白いりごま		適量

青菜炒め

一 空心菜は3〜4㎝に切る。にんにくは千切りにする。

二 フライパンに油を熱し、にんにく、空心菜の順に入れてさっと炒め、Aで味つけをする。

富美男のこだわりポイント

青菜はそのときあるもので構わないぞ。材料を入れたら手早く炒めて、シャキッとした食感を楽しもう。

［材料2人分］

空心菜……………………1束
にんにく…………………1片
A 鶏ガラスープの素 …小さじ1〜2
A 塩 ……………………少々
ごま油又はサラダ油……大さじ1

れんこんのガーリック炒め

一 れんこんは小さい乱切りにする。

二 フライパンにオリーブオイルとにんにくを入れて火にかけ、香りが出てきたらアンチョビを入れ炒める。

三 二にれんこんを入れて炒め、火が通ったら味を見て塩で味をととのえる。

［材料2人分］

れんこん……………………………100g
にんにく（みじん切り）……1/2片分
アンチョビ（みじん切り）…３枚分
オリーブオイル………………大さじ２
塩　…………………………………適量

イタリアンマーボー

一 トマト水煮はくずしておく。豆腐は角切りにする。

二 鍋にオリーブオイルを熱してAを炒めた後、Bとトマト水煮を加えて2～3分煮る。

三 豆腐を加えてさっと煮たら、水溶き片栗粉を回し入れてとろみをつける。

［材料2人分］

	トマト水煮缶	1/3缶
A	豚ひき肉	150g
A	長ねぎ（みじん切り）	1/6本分
A	にんにく（みじん切り）	1/2片分
B	固形スープの素	1/2個
B	水	1/2カップ
B	しょう油	大さじ1・1/2
B	バルサミコ酢	小さじ1
B	クレイジーソルト	少々
B	タバスコ	少々
	絹ごし豆腐	1/2丁
	水溶き片栗粉	適量
	オリーブオイル	大さじ1

まずは一品
サラダと和え物
蒸し物・煮物・焼き物・炒め物
揚げ物
ご飯・めん・スープ
甘味

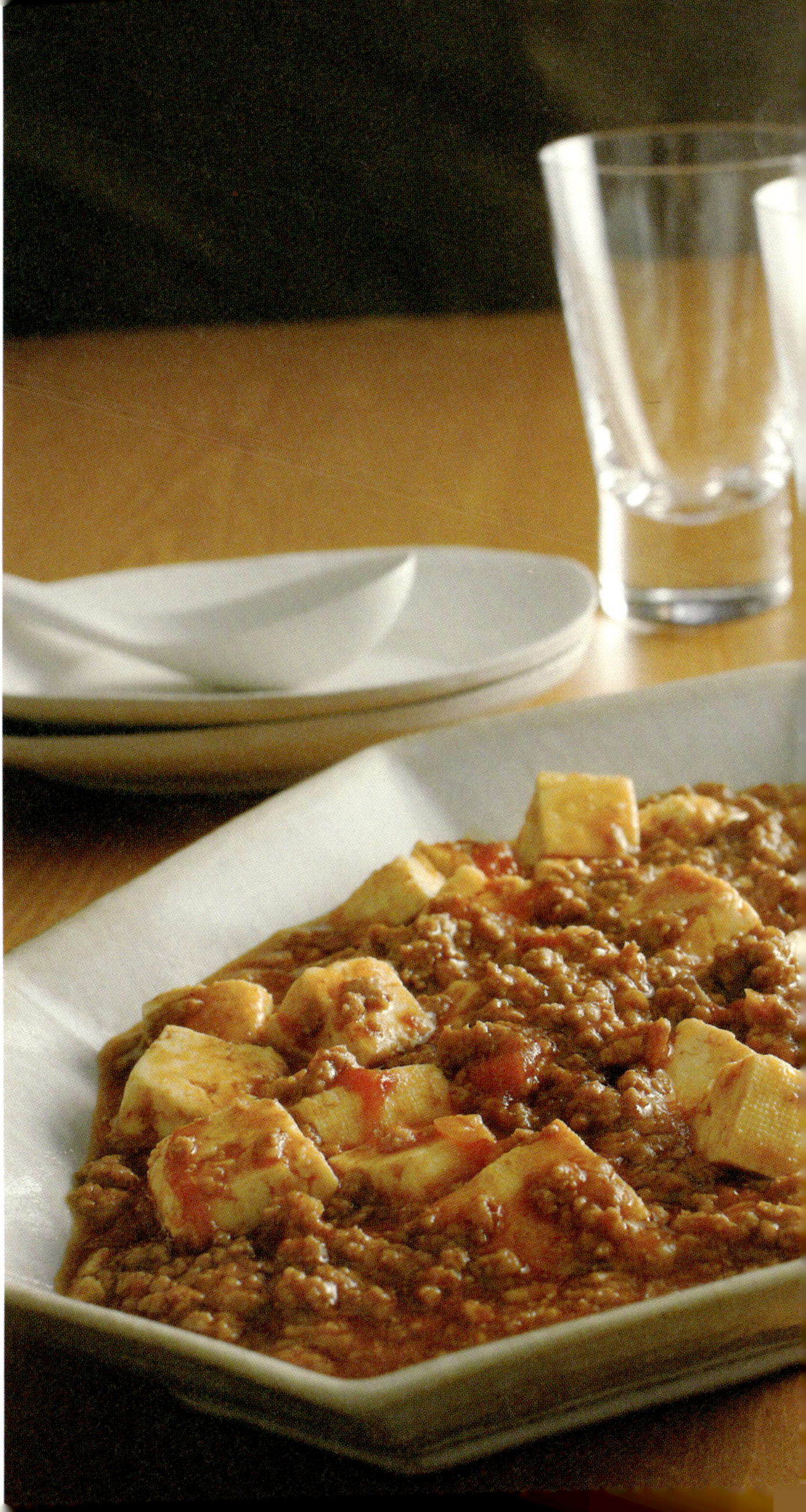

アンチョビポテト

一 鍋に6等分に切ったじゃがいもとかぶるくらいの水を入れて火にかけ、沸騰したら中火でじゃがいもがやわらかくなるまで茹でてざるにあける。じゃがいもは鍋に戻し、中火にかけて鍋をゆすり、粉ふきいもにする。

二 フライパンにオリーブオイルを熱し、**A**を炒めたら、一を加えて塩、こしょうで味をととのえ、さらに軽く炒める。

［材料2人分］

じゃがいも……………………………２個

A
- にんにく（みじん切り）……1/2片分
- アンチョビ（みじん切り）…２本分

オリーブオイル……………………大さじ２

塩、こしょう………………………各適量

たこバター

一 茹でだこはぶつ切りにしておく。

二 フライパンにバターを熱し、一を炒めたら、しょう油をふりかける。

富美男のこだわりポイント

バターとしょう油の黄金コンビのスピードメニュー。溶けたバターをよくからめて食べてくれ。

［材料2人分］

茹でだこ足……………… 2本
バター……………………… 大さじ1
しょう油………………… 大さじ1/2

キャベツといかのペペロン炒め

一 キャベツは1cm幅に切り、いかは皮をむいて千切りにする。にんにくはスライスする。

二 フライパンにオリーブオイルとにんにく、唐辛子を入れて熱し、にんにくの色が変わったら、いかとキャベツを加え、塩、こしょうして軽く炒める。

［材料1人分］

キャベツ…………………1枚
いか（身のみ）………1/2ハイ
にんにく…………………1/2片
唐辛子（小口切り）…1/2本
オリーブオイル………大さじ1
塩、こしょう…………各適量

春雨ミンチ炒め

一 春雨は適当な長さに切り、干しえびはみじん切りにする。

二 フライパンにサラダ油を熱し、**A**を炒め、豚ひき肉、**一**を加えさっと炒める。

三 **二**に合わせた**B**を回し入れ、汁気がなくなるまで炒め、最後にごま油をふる。

［材料2人分］

	春雨（戻しておく）	50g
	豚ひき肉	50g
	干しえび（戻しておく）	大さじ１
	サラダ油	小さじ２
A	にんにく（みじん切り）	１片分
A	しょうが（みじん切り）	１片分
A	長ねぎ（みじん切り）	３㎝分
B	豆板醤	小さじ１
B	甜麺醤	小さじ１
B	酒	大さじ１
B	鶏ガラスープ	大さじ４
	ごま油	小さじ１

えびとグリーンピースの塩炒め

一 冷凍えびはカラと背ワタを取り除き、**A**と合わせておく。長ねぎは1.5cmの斜め切りにする。

二 中華鍋にサラダ油大さじ1を熱し、えびを炒めたらいったん取り出す。

三 **二**に残りのサラダ油を熱し、長ねぎ、グリーンピースの順で炒めてえびを戻し、**B**を加えてさっと煮、水溶き片栗粉で軽くとろみをつける。

［材料2人分］

冷凍えび（大きめ）…………100g
グリーンピース（冷凍可）…1/2カップ
長ねぎ…………………………1/2本
A 酒 ……………………………大さじ1
A 塩 ……………………………小さじ1/2
A 片栗粉 ………………………小さじ1
B 鶏ガラスープの素 ………小さじ1/2
B 水 ……………………………大さじ3
水溶き片栗粉…………………適量
サラダ油………………………大さじ1・1/2

外飲みは探検

　圧倒的に家飲みが好きな僕だけど、やっぱり地方公演に行ったときはそうもいかない。地方に行ったときは乗りうちって言ってさ、公演が終わったらすぐ次の土地に移動することが多いんだよね。移動が短くて、早く目的地に着いた場合は、劇団員を連れて大勢で夕飯に行くことが多いかな。そうなるともう舞台の話ばっかりになるね。その日の公演について、どうすればより良くなるかなんていうのを皆で言い合うんだよ。やっぱり酒が入ると話やすくなるのかな、いろいろ意見を言い合えて楽しいし、勉強になるよ。いつまでもこういう時間を大事にしたいなと思うね。

　移動が長くかかると必然的に夕飯も遅くなるから、そういうときは大体マネージャー2人と飲みに行くんだ。遅いときは夜中の2時3時とかになるからね。皆疲れているのにそんな時間に連れ回すわけにもいかないじゃない。行くのは大体地元の居酒屋さんだね。僕はね、お店の外観だけでおいしいかそうでないか見分けるのが大の得意なんだ。まず外さないよ。地方の居酒屋の良いところは、何と言っても今まで食べたことないようなものが食べられるところだね。それがまた新しいおつまみメニューの開発にもつながるんだ。おいしいお店は忘れないように、ちゃんと毎回メモしておくんだ。そのメモこそ富美男版ミシュラン、略して「トミシュラン」ってね（笑）。

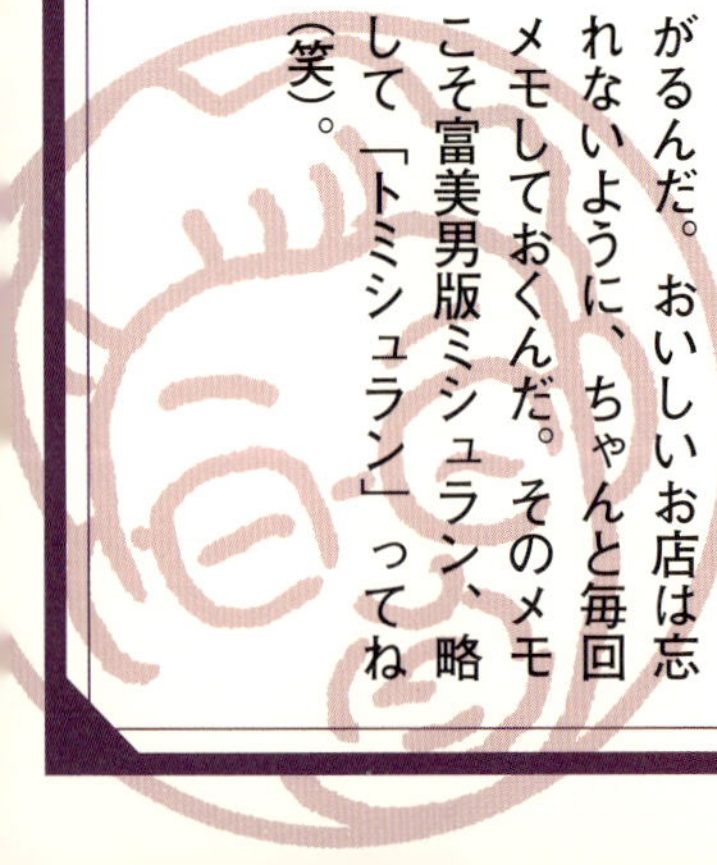

第四章

やっぱりこれがなきゃ！
揚げ物

おつまみと言えばやっぱり揚げ物！
これがなきゃ始まらないよね
和から洋まで幅広いメニュー、取り揃えました

揚げピーナッツ

一 落花生は皮つきのまま170℃の油でこがさないように揚げる。

二 一を器に盛り、アジシオ少々をふる。

［材料2人分］

皮つき落花生…………150g
揚げ油……………………適量
アジシオ…………………適量

フライドポテト

一 じゃがいもは拍子切りにして水にさらした後、よく水気を切る。

二 一にAをまぶして170℃の油で揚げて器に盛り、ケチャップを添える。

富美男のこだわりポイント

定番中の定番メニュー。片栗粉と小麦粉を同量合わせた衣が、よりいっそうカリッとした仕上がりに。

[材料2人分]

	じゃがいも（中玉）	２個
A	片栗粉	大さじ４
A	小麦粉	大さじ４
A	塩	少々
	揚げ油	適量
	ケチャップ	適量

えびパン

一 むきえびは背ワタを取り除き、フードプロセッサーにかけるか包丁でたたいてペースト状にする。

二 一にAと玉ねぎみじん切りを混ぜて合わせる。

三 サンドイッチ用食パンは耳を落として4等分に切り、片面に二を塗る。塗った面を下にしてパンの耳と一緒に170℃の油で揚げて皿に盛り、パセリを添える。

［材料2人分］

むきえび……………………100g

A
- 卵白 ……………………1/2個分
- 酒 ………………………大さじ1
- 片栗粉 …………………大さじ1
- しょうがの絞り汁 …小さじ1
- 五香粉又は粉山椒 …少々
- 塩、こしょう ………少々

玉ねぎ（みじん切り）…大さじ2
サンドイッチ用食パン…2枚
揚げ油……………………適量
パセリ……………………適量

えびせん

一 桜えびはフードプロセッサーで細かくする。

二 一とAをボウルに入れ、良くこねる。なめらかになったら小さい団子にして、麺棒でできるだけ薄くのばし、180℃の油で両面を揚げる。

［材料22枚分］

	桜えび（乾燥）	20g
A	薄力粉	1/2カップ
A	片栗粉	1/2カップ
A	ベーキングパウダー	小さじ1
A	だし汁	60cc
A	サラダ油	大さじ2
	揚げ油	適量

おばあちゃんのコロッケ

一 じゃがいもは6等分に切って茹でる。やわらかくなったら湯を捨て、中火にかけて水分をよく飛ばして粉ふきいもにし、塩、こしょうをふって粗くつぶす。

二 牛肉は包丁でたたいて細かくし、サラダ油を熱したフライパンで玉ねぎと一緒に炒めたら、塩、こしょう（分量外）で味をつける。

三 一と二を混ぜ合わせて小判型に形作り、冷ましたら、小麦粉、溶き卵、パン粉の順につけ、180℃の油で揚げる。

［材料2人分］

じゃがいも（男爵）………３個
牛こま切れ肉………………100g
玉ねぎ（粗みじん切り）…1/2個分
塩　……………………………小さじ１
こしょう……………………少々
サラダ油……………………小さじ２
小麦粉、溶き卵、パン粉…各適量
揚げ油………………………適量

ごぼうのから揚げ

一 ごぼうはピーラーで薄く切り、水に4～5分さらす。

二 一の水気をクッキングペーパーなどでふいて、170℃の油で揚げ、器に盛って塩をふる。

富美男のこだわりポイント

ごぼうの自然な風味を活かした一品。パリッと仕上げるには、水気をよくふき取っておくことが大切！

［材料2人分］

ごぼう……………………20㎝
塩 ……………………少々
揚げ油……………………適量

たこのから揚げ

一　たこは大きめのそぎ切りにして、すりこ木で軽くたたいてやわらかくし、塩、こしょうで下味をつける。

二　一のたこにコーンスターチをまぶし、170℃の油で揚げる。

［材料2人分］

たこ刺身用足………… 4本
コーンスターチ……… 適量
揚げ油…………………… 適量
塩、こしょう………… 各適量

砂肝揚げ

一 Aは合わせておく。

二 砂肝は半分に切って、かのこ状に包丁目を入れ、Aに1時間漬けておく。

三 二の汁気を切って、片栗粉を軽くまぶし、170℃の油で揚げる。

［材料2人分］

砂肝		200g
A	しょう油	大さじ3
A	酒	大さじ2
A	五香粉	少々
片栗粉		適量
揚げ油		適量

肉の薄揚げ

一　豚もも薄切り肉は10cmに切ってAを回しかけ、1時間おく。

二　一に片栗粉をまぶし170℃の油でカリッと揚げる。

［材料2人分］

豚もも薄切り肉……… 120g

A
- しょう油 ………… 大さじ2
- 酒 …………………… 大さじ1
- みりん …………… 大さじ1
- おろししょうが … 小さじ1

片栗粉…………………… 適量

揚げ油…………………… 適量

うずらスコッチエッグ

一　ひき肉はAと合わせてよく練り、4等分にしてラップに平らにのばし、うずら卵を1個ずつ包む。

二　一を小麦粉、溶き卵、パン粉の順に衣をつけ、170℃の油で揚げる。

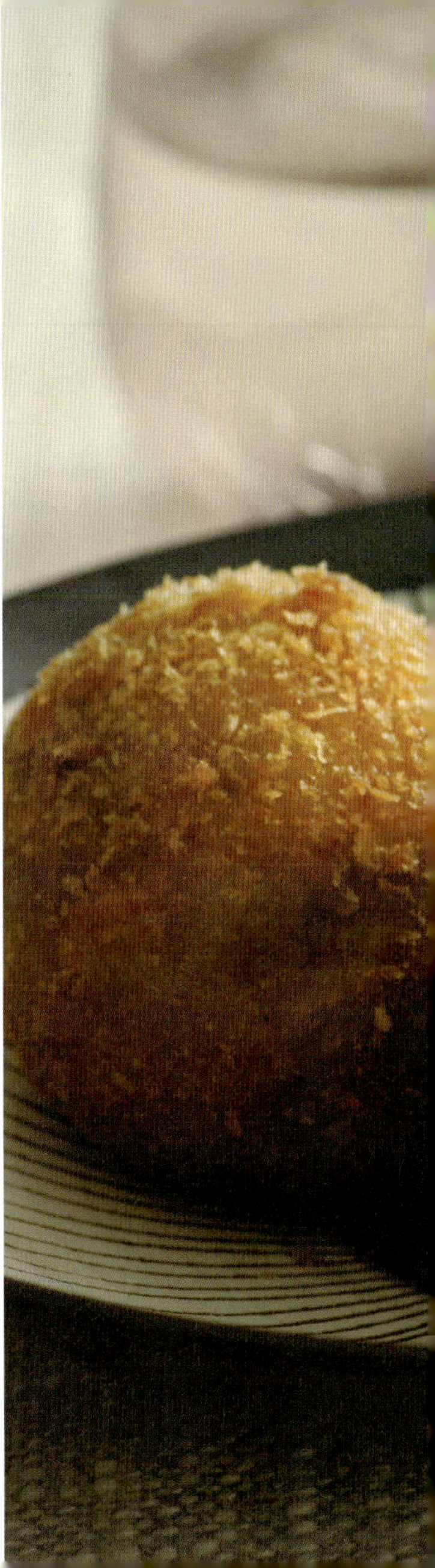

［材料4人分］

合いびき肉……………………100g
茹でうずら卵………………４個
A
- すりおろし玉ねぎ　……大さじ2
- 溶き卵　…………………大さじ1
- 塩、こしょう　…………各少々
- パン粉（細かめ）　……大さじ2

小麦粉、溶き卵、パン粉…各適量
揚げ油…………………………適量

にせものカツ

一 キャベツは千切りにする。Aは合わせておく。

二 フランクフルトに、小麦粉、溶き卵、パン粉の順で衣をつけて、180℃の油で揚げる。

三 二を2等分にして皿に盛り、キャベツとパセリ、Aのソースをかける。

［材料2人分］

フランクフルト……………2本
小麦粉、溶き卵、パン粉…各適量
キャベツ……………………適量
パセリ………………………適量
A 中濃ソース ……………大さじ2
A 粒マスタード …………大さじ1/2
揚げ油………………………適量

なつかしのハムカツ

一 厚切りハムは小麦粉、溶き卵、パン粉の順に衣をつける。

二 一を１８０℃の油できつね色になるまで揚げ、皿に盛ってパセリを添える。

［材料2人分］

厚切りハム……………………………6枚
小麦粉、溶き卵、パン粉、揚げ油…各適量
パセリ…………………………………適量

五分でクリームライスコロッケ

一 牛乳と小麦粉、コンソメを鍋に入れて泡立て器でよく混ぜ合わせる。フライパンにバターを熱し、牛乳液をこし器でこしながら一気に入れ、強火にかけながら木べらで混ぜる。白ワイン、ベーコンビッツ、フライドオニオン、塩、こしょうを入れてさらに混ぜる。

二 大きいボウルに氷とひとつかみの塩を入れ、さらにその上にボウルを重ねて、とろみのついたソースと、かに缶、ご飯、とろけるチーズ、溶き卵を入れて混ぜる。

三 手に油をつけてご飯をボール状に丸め、パン粉をまわりにつけて揚げる。器に盛り、好みのソースをかけていただく。

［材料16個分］

- 牛乳……………………１・1/2カップ
- 小麦粉…………………大さじ３
- コンソメ………………少々
- バター…………………大さじ２
- 白ワイン………………大さじ１
- ベーコンビッツ………小さじ１
- フライドオニオン……大さじ１
- 塩、こしょう…………各少々
- かに缶（小）…………１缶
- ご飯……………………茶碗２杯分
- とろけるチーズ………好みの量
- 溶き卵…………………１個分
- パン粉、揚げ油、好みのソース…………各適量

にんじん天

一 にんじんはスライサーなどでごく細く切る。

二 Aで衣を作り、一と合わせて180℃の油で揚げる。

富美男のこだわりポイント

これはいつも多めに作る。次の日めんつゆで煮て、ご飯にのせて丼にすると、たまらなく旨いんだよ。

［材料2人分］

	にんじん	1本
A	天ぷら粉	大さじ4
A	冷水	大さじ4
A	塩	少々
	揚げ油	適量

とうもろこし天

一 とうもろこしの粒は包丁でそぎ取り、ボウルに入れて天ぷら粉（分量外）をまぶしておく。

二 Aを合わせて衣にし、一のボウルに入れて混ぜる。

三 油を熱し、二を大きめのスプーンですくって落とし、揚げる。皿に盛り、塩とピンクペッパーを添える。

［材料4人分］

	とうもろこし	2本
A	天ぷら粉	1/4カップ
A	冷水	1/4カップ弱
	揚げ油	適量
	塩	適量
	ピンクペッパー（つぶしておく）	適量

大根おろし天

一 大根はおろして軽く水気を切る。

二 一とじゃこ、小麦粉を合わせて平たい円形に成形し、180℃の油で揚げる。

三 二を皿に盛り、天つゆを添える。

[材料2人分]

大根	200g
じゃこ	30g
小麦粉	大さじ4
揚げ油	適量
天つゆ	適量

谷中天

一 谷中しょうがは15cmくらいの長さに切る。

二 一のしょうが部分にAの衣をつけて１８０℃の油で揚げる。

富美男のこだわりポイント

しょうがのさっぱり感を存分に味わえて、いくらでもいけそうになるね。箸休めにもいいんじゃないかな。

［材料2人分］

谷中しょうが		1束
A	天ぷら粉	大さじ3
A	水	大さじ3
A	塩	ひとつまみ
揚げ油		適量

切り干し天

一　切り干し大根は戻してざく切りにする。

二　一とジャコを合わせて小麦粉適量（分量外）をふる。

三　Aを合わせて衣を作り、二と合わせて１８０℃の油に大さじ２～３を入れて揚げる。器に盛り、抹茶塩を添えていただく。

［材料2人分］

	切り干し大根	30g
	ジャコ	10g
A	小麦粉	1/3カップ
A	ﾍﾞｰｷﾝｸﾞﾊﾟｳﾀﾞｰ	小さじ1/4
A	冷水	1/3カップ
A	日本酒	大さじ１
	揚げ油	適量
	抹茶塩	適量

酒かす天

一 酒かすは5cm×4cmくらいの食べやすい大きさに切る。

二 一はAを合わせた衣につけ、180℃の油で揚げる。

三 二を皿に盛り、塩か天つゆをつけていただく。

［材料2人分］

酒かす		200g
A	天ぷら粉	1/4カップ
A	冷水	1/4カップ
揚げ油		適量
塩、天つゆ		各適宜

えび団子&いか団子

一 えびはカラと背ワタを取り除き、いかは皮をむいて2cm角に切る。

二 フードプロセッサーにいかとAの半量を加えて回し、ペースト状になったら取り出す。そのままえびと残りのAを加えて再び回す。

三 えびのペーストといかのペーストをそれぞれ団子にし、170℃の油で揚げる。

［材料4人分］

	えび	100g
	いか（身のみ）	2ハイ
A	酒	大さじ2
A	片栗粉	大さじ2
A	卵白	1個分
A	塩	少々
	揚げ油	適量

ちくわ明太

一 生食用ちくわは縦半分に切る。明太子は縦４等分に切っておく。

二 一のちくわに明太子をはさみ、Aの衣をつけて１８０℃の油で揚げる。

富美男のこだわりポイント

衣の中に青のりを混ぜるのがポイント。ピリ辛の明太子と青のりの風味が絶妙にマッチするんだ。

［材料4人分］

	生食用ちくわ	４本
	明太子	１本
A	天ぷら粉	60cc
A	青のり	大さじ３
A	水	1/4カップ
	揚げ油	適量

第五章

〆にもがっつり食べたいときにも ご飯・めん・スープ

〆の一皿としてはもちろん、
食事メインの飲みにも大活躍すること間違いなし！
あっさりからこってりまで、その日の気分で召し上がれ

だしかけご飯

一　皮をむいたなす、さっと湯通ししたオクラ、きゅうり、長いもを粗みじんに刻む。

二　みょうが、大葉はみじん切りにし、一と合わせる。

三　二にしょうがとだしじょう油を入れて混ぜ、20分ほどおいてご飯にかける。

［材料2人分］

なす	1本
みょうが	1個
大葉	4枚
オクラ	2本
きゅうり	1/3本
長いも	5㎝
おろししょうが	1/2片分
だしじょう油	40cc
ご飯	茶碗2杯分

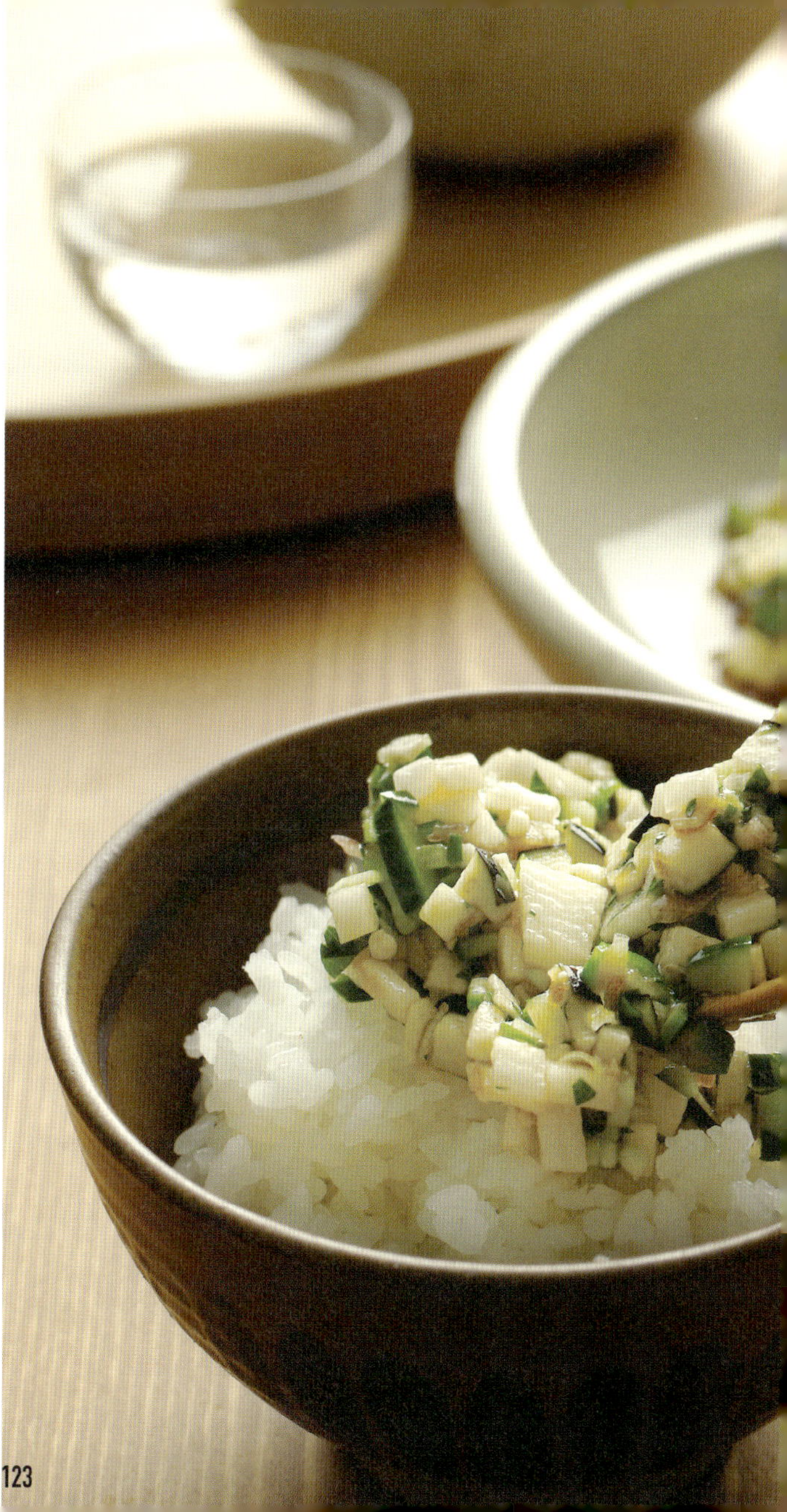

まずは一品
サラダと和え物
蒸し物・煮物・焼き物・炒め物
揚げ物
ご飯・めん・スープ
甘味

山わさび

一 山わさびはすりおろし、しょう油と合わせる。

二 熱々のご飯に一をかけて好みでかつお節や焼き海苔をのせる。

［材料4人分］

山わさび………………… 1本
しょう油………………… 適量
ご飯……………………… 茶碗4杯分
かつお節………………… 適宜
焼き海苔………………… 適宜

かにスープ

一 Aの野菜はそれぞれ千切りにする。

二 かにのカラは200℃のオーブンで香りが出るまで8分焼き、水と一緒に鍋に入れて煮る。こして鍋に戻し、塩、こしょうで味をつける。

三 二を器に入れて、Aの野菜を浮かべる。

［材料2人分］

	かにのカラ	1パイ分
	水	3カップ
	塩、こしょう	各少々
A	セロリ、にんじん	各適量
A	絹さや	2枚

いなかの味噌にぎり

一 ラップにご飯をのせておにぎりを作る。

二 一のまわりに好みの味噌を塗る。

富美男のこだわりポイント

このままでももちろん旨いが、焼くと香ばしさが加わっていいぞ。網か、なければトースターでも可。

［材料2人分］

ご飯……………………… 茶碗２杯分
好みの味噌…………… 適量

天むす

一 ラップの上にご飯半量を広げ、しょう油をつけた海老天ぷらをのせ、三角ににぎり塩をふる。これを2個作る。

二 一に1枚ずつのりを巻いて、皿に盛る。

［材料1人分］

海老天ぷら（小さめ）	2本
しょう油	適量
塩	少々
焼きのり（おにぎり用）	2枚
ご飯	160g

しょうがご飯

一　米は洗って少し控えめの水入れ、だし昆布を入れて1時間おく。

二　しょうがはすべて千切りにして、飾り用に適量取っておく。

三　一のだし昆布を取り出し、Aとしょうがを加えて通常の水加減で炊く。器に盛り、飾り用のしょうがをのせる。

［材料4人分］

米		2カップ
だし昆布		10cmのもの1枚
A	しょう油	小さじ1
	塩	小さじ1
しょうが		2片
しょうが（飾り用）		適量

きのこ混ぜご飯

一 米は洗って1時間おき、通常の水加減で炊く。

二 Aのきのこ類は食べやすい大きさに小分けるか切り、ごま油を熱したフライパンで炒め、Bを加えてさっと煮る。

三 炊き上がったごはんに二を混ぜて器に盛り、温泉卵をのせる。

［材料4人分］

	米	2カップ
A	生しいたけ	2枚
A	しめじ	1/2パック
A	エリンギ	1本
A	まいたけ	1/2パック
B	酒	大さじ2
B	ごま油	大さじ2
B	しょう油	大さじ3
B	砂糖	大さじ1

かみなり豆腐丼

一 豆腐はよく水切りをしておく。

二 フライパンに天かすを入れて炒め、油が出てきたら豆腐をくずしながら加え、さらに炒めて**A**で味つけをする。

三 器にご飯を盛り、**二**をのせてねぎを散らす。

富美男のこだわりポイント

豆腐の水切りはしっかりと！　不十分だと、炒めるときに油がはねてしまうので、注意すること。

［材料１人分］

天かす		大さじ２
木綿豆腐		1/4丁
A	しょう油	大さじ１
	かつお節の粉	小さじ１
	七味唐辛子	少々
ご飯		茶碗１杯分
小ねぎ（小口切り）		適量

ねこまんま

一 油揚げはフライパンで表面がカリッとするまで焼き、出てきた油をペーパーでふき取ってから千切りにする。

二 器にご飯を盛り、**一**をのせて大根おろしを中心におき、しょう油と七味唐辛子をかける。

［材料2人分］

油揚げ…………………… 1/2枚
ご飯…………………… 茶碗２杯分
大根おろし…………… 大さじ１～２
七味唐辛子…………… 適量
しょう油……………… 適量

とびっこあんかけご飯

一 鍋にAを入れて煮立てたら、とびっこを加える。

二 一に水溶き片栗粉で強めのとろみをつける。

三 器にご飯を盛り、二をかけて三つ葉を飾る。

［材料2人分］

とびっこ		大さじ4
A	だし汁	3/4カップ
A	しょう油	大さじ1
A	みりん	大さじ1
三つ葉		適量
水溶き片栗粉		適量
ご飯		茶碗2杯分

うなぎ茶漬け

一 うなぎは中心を縦に切り、さらに3㎝幅に切って、片栗粉をつけてごま油を熱したフライパンで両面カリッと焼く。

二 小どんぶりにご飯を盛り、一をのせて粉山椒をふり、お茶又はお湯をかける。

［材料1人分］

うなぎ	1/2尾
片栗粉	適量
ごま油	大さじ1
ご飯	茶碗1杯分
お茶又はお湯	適量
粉山椒	適量

スパムにぎり

一 フライパンにサラダ油を熱し、スパムを両面焼いて塩、こしょうをふる。

二 ごはんを俵型ににぎったら上下を押して平らにし、上に一をのせて帯状に切った焼きのりを巻く。

［材料１人分］

スパム……………………………７㎜厚さ２切れ
ご飯………………………………130g
サラダ油…………………………小さじ１
塩、こしょう……………………適量
焼きのり（おにぎり用）…１枚

和風あんかけオムライス

一 フライパンにサラダ油大さじ1を熱し、細かく切った野沢菜としょうがを炒め、ご飯を加えてさらに炒める。最後にかつお節も加えてさっと混ぜて器に盛る。

二 鍋にAを入れて熱し、煮立ったら長ねぎを加え、水溶き片栗粉でとろみをつける。

三 フライパンに残りのサラダ油を熱し、溶き卵を加えて半熟状に焼いたら一にのせ、二をかける。

［材料2人分］

ご飯	茶碗２杯分
卵	４個
野沢菜	1/2株
長ねぎ	1/2本
しょうが（みじん切り）	1/2片分
かつお節	小袋１袋
塩、こしょう	各少々
A 白だし	大さじ２強
A 水	１カップ
サラダ油	大さじ２
水溶き片栗粉	適量

キンパ

一 ほうれん草はさっと茹でて、よく水気を切っておく。卵は塩少々を加え、フライパンにごま油を熱していり卵をつくる。ソーセージとたくあんは縦4等分にする。

二 すし用すだれの上に焼きのりをのせて、ごま油少々を塗り、のりの前後1㎝をあけてご飯をのせて広げる。

三 二の上に一と**A**を中心に並べてくるくると巻き、巻き終わりに水をつけてしっかりとめる。のりがしっとりと落ち着いたら6等分に切って器に盛る。

富美男のこだわりポイント

キンパとは韓国ののり巻きのこと。のりを韓国のりにすると、さらに本場の味が楽しめるぞ！

［材料2人分］

	ほうれん草	２本
	卵	２個
	塩	少々
A	魚肉ソーセージ	１㎝角２本
A	たくあん	１㎝角２本
	ご飯	３カップ
	焼きのり	２枚
	ごま油	少々

納豆うどん

一　稲庭うどんはたっぷりのお湯で茹でてザルにあけ、流水で洗い、水気を切る。

二　一を深めの皿に盛り、Aの納豆だれをたっぷりかけて長ねぎを飾る。

［材料2人分］

稲庭うどん		200g
A	ひき割り納豆（小）	２パック
A	そばつゆ（２倍希釈のもの）	1/4カップ
A	水	大さじ２
長ねぎ（みじん切り）		大さじ２

ソーメンチャンプルー

一 ツナ缶は軽くほぐし、長ねぎは斜め薄切りにする。

二 ソーメンはたっぷりの湯で茹でてザルにあけ、よく洗って水気を切る。

三 フライパンにサラダ油を熱し、長ねぎ、ソーメンの順で炒めたらツナとAを加えてさっと炒める。

［材料4人分］

	ソーメン	２束
	ツナ缶（小）	1/2缶
	長ねぎ	1/2本
	サラダ油	大さじ1/2
A	顆粒だし	小さじ１
A	しょう油	小さじ１
A	塩、こしょう	各少々

桜えびたっぷり焼きそば

一　キャベツはざく切りにする。

二　フライパンにサラダ油を熱し、桜えび、キャベツ、もやし、焼きそばの順に炒め、焼きそばソースの素で味をつけて皿に盛る。

三　サラダ油小さじ1（分量外）を熱したフライパンに卵を割り入れ、周りがカリッと、黄身がトロトロの状態になったら二の上にのせる。

［材料1人分］

焼きそば（室温に戻しておく）…… 1玉
キャベツ…………………………… 1枚
もやし……………………………… 1/2袋
桜えび……………………………… 10g
焼きそばソースの素……………… 1袋
サラダ油…………………………… 大さじ1
卵　………………………………… 1個
青のり……………………………… 適量

まずは一品
サラダと和え物
蒸し物・煮物・焼き物・炒め物
揚げ物
ご飯・めん・スープ
甘味

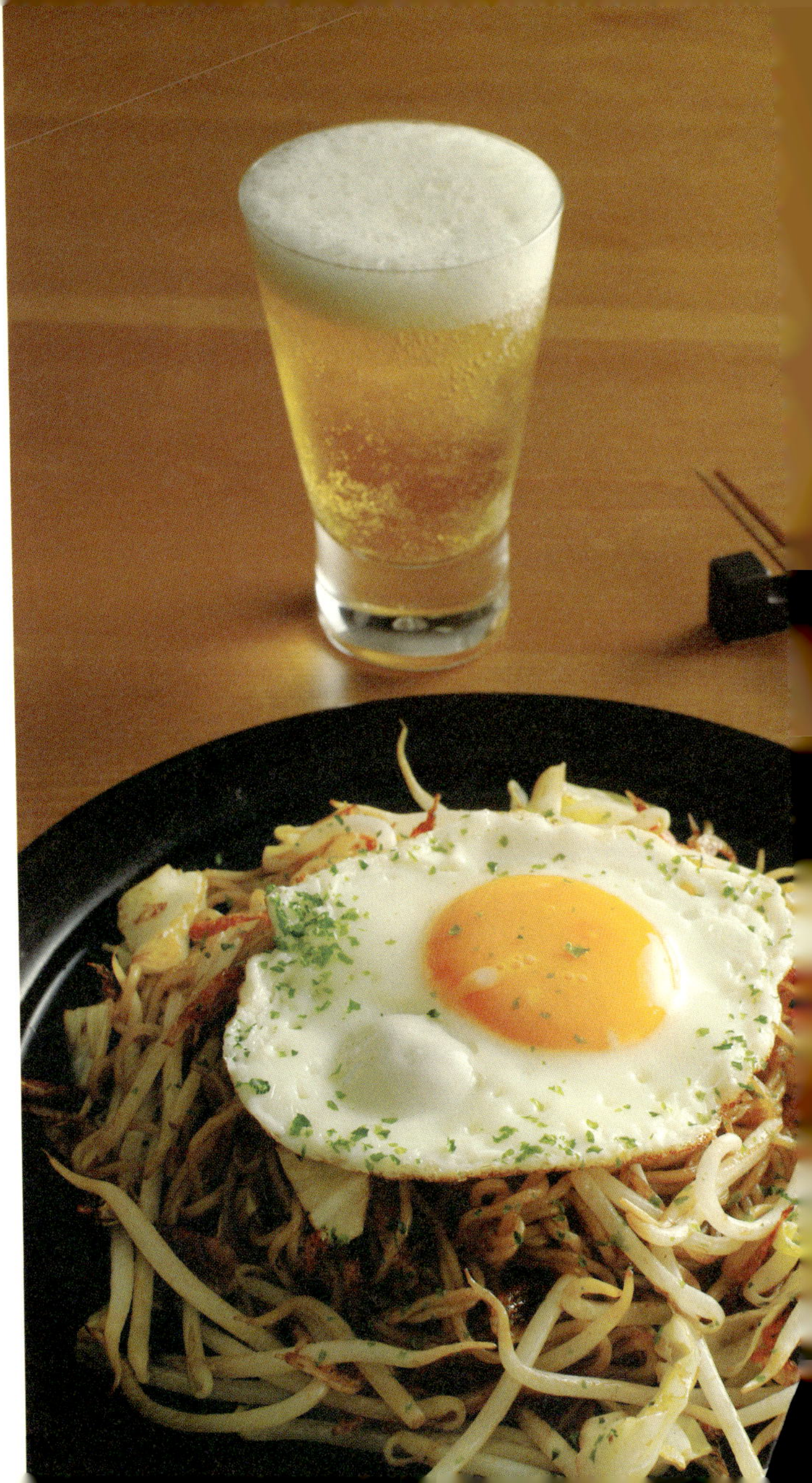

あさりとトマトのパスタ

一 トマトは1cm角に切って、種を取り除く。

二 フライパンにオリーブオイルを熱し、トマトを炒めたら、あさりを加えてさらに炒める。白ワインをふってフタをし、あさりの口が開くまで蒸し、塩、こしょうで味をととのえる。

三 鍋にたっぷりの湯を沸かし、塩を入れてパスタをアルデンテに茹でたら、二のソースと合わせる。

[材料2人分]

あさり（砂抜きしてあるもの）	1パック
完熟トマト（大きめ）	1個
パスタ	160g
オリーブオイル	大さじ1
白ワイン	大さじ1
塩（パスタを茹でる用）	大さじ1
塩、こしょう	各少々

明太子とゆずこしょうのパスタ

一 鍋に生クリームとAを入れて混ぜ、フツフツとなるまで加熱する。

二 鍋にたっぷりの湯を沸かし、塩を加えてパスタをアルデンテに茹でる。

三 一にパスタの茹で汁1/4カップとパスタを加えて混ぜる。

［材料2人分］

	パスタ	160g
	塩	適量
A	明太子（中身をしごき出す）	1本
A	ゆずこしょう	小さじ1
	生クリーム	1/2カップ

和風スピードグラタン

一 フライパンにバターを溶かし、**A**の材料をよく混ぜ、目の細かいザルでこしながらフライパンに一気に入れる。とろみがつくまで木べラで混ぜながら煮てクリームソースを作る。

二 茹でうどんは食べやすい大きさに切る。長ねぎは斜め薄切り、ベーコンは1cm幅に、れんこんはいちょうの薄切り、ほたては2cm角くらいに切る。

三 フライパンにサラダ油を熱し、長ねぎ、れんこん、ベーコンの順で炒め、最後にほたてと切った茹でうどんも加え、塩、こしょうで味つけし、グラタン皿に入れ、一のソースをかけて250℃のオーブンでこげ目がつくまで焼く。

［材料2人分］

茹でうどん……１玉
長ねぎ…………1/4本
ベーコン………２枚
れんこん………50g（ゆり根でも可）
ほたて…………３個
バター…………大さじ１

A
- 牛乳 ……………… 1・1/2カップ
- 薄力粉 ……………大さじ２〜３
- 白ワイン …………大さじ１
- 塩、こしょう ……各少々
- コンソメ …………小さじ１

サラダ油……………大さじ１
塩、こしょう…………各少々

スピードソース

うにソース

一 うにはＡとともにフードプロセッサーにかけてソースを作る。

［材料2人分］

生うに……………………………大さじ4

Ａ
- 白味噌(甘くないもの)………大さじ5
- だし汁 ……………………………大さじ2
- 生クリーム ……………………大さじ2
- オリーブオイル ………………大さじ2
- 塩、こしょう …………………各少々
- しょう油 ………………………小さじ1

富美男のこだわりポイント

パスタと合わせるのはもちろん、淡白な味わいの白身魚や、スティック野菜につけると濃厚な味わいがいっそう引き立つ。

トマトソース

[材料2人分]

トマト水煮缶	1缶
ローリエ	1枚
アンチョビ	1枚
オリーブオイル	大さじ3
にんにく	1～2片
鷹の爪	1本
塩	少々

一 小鍋にオリーブオイル、細かく切った鷹の爪、アンチョビとにんにくを入れて火にかける。香りが出たら、トマト缶を手でつぶしながら入れ、ローリエを加えて強火で15分煮る。

二 ローリエを取り出し、バーミックスで撹拌して、油を乳化させる。塩で味をととのえる。

富美男のこだわりポイント

スタンダードにパスタにかける他、ギョーザの皮に塗り、とろけるチーズをのせてオーブントースターで焼けば、おつまみ即席ピザのできあがり！

富美男店長お墨つき！ご当地おつまみ

地方に行く最大の楽しみは、やっぱりご当地ものだね。さっき（P88）もちょっと言ったけど、地方で食べた旨いものが、僕の新たなレパートリーになることが多いんだ。例えば、P116のだしかけご飯なんかもそうだね。これは山形で食べたんだけど、しょうがとみょうがのさっぱり感で、野菜がたっぷりといくらでも食べられるんだよ。旨いものを食べたときは、まず真っ先に「これはどうやって作るんだろう」って思うね。僕も料理経験の長い人間だから、食べると大体の作り方はわかるんだ。そして自分の舌とか経験を頼りにとにかくまず実践してみる。それから「あれが合うんじゃないか」なんていろいろアレンジして、徐々に自分の味に仕立てていくんだ。

他に地方で旨い！と思ったのは仙台のフジツボ、飛騨高山の漬け物ステーキ、名古屋の手羽先、沖縄のゴーヤチャンプルあたりかな。こうして並べて見ると見事に名物ばかりだね。でも本当、本場のものはまず一度は食べてみるべきだと思うよ。名物には名物になるだけの理由ってのがあるからさ。勉強になるね本当に。おつまみっていうのは、基本的に簡単に作れるものばかりだよ。真似することなんて実は造作もないことなんだ。後はそれを自分好みの味に仕立てていくこと。そこまでいけばあなたも立派なおつまみマスターだよ。

第六章

お口直しに甘味

別腹とはよく言ったもので、
どんなにお腹いっぱいでも、不思議と入っちゃうんだよね
甘党派の方のおつまみとしても

亀十のどら焼き

一 Aは合わせてふるっておく。

二 Bを合わせてよくかき混ぜ、一を合わせてさらに軽く混ぜ、5分ほどおいて生地がふんわりしてきたら、ホットプレートあるいはフライパンで直径8～9㎝くらいの円形に焼く。

三 焼けた生地にふきんをかけて冷まし、あら熱が取れたら2枚の間に粒あんをはさむ。

［材料4人分］

A	薄力粉	250g
A	重曹	小さじ1
A	ベーキングパウダー	小さじ2
B	無糖ヨーグルト	250g
B	卵	2個
B	牛乳	1/2カップ
B	太白ごま油（白）あるいはサラダ油	大さじ3
B	砂糖	大さじ1
B	蜂蜜	大さじ1
B	塩	小さじ1/2
	粒あん	適量

アイスの天ぷら

一 4等分にしたアイスクリームをケーキ用スポンジ2枚ではさんでよく押さえ、ラップで包んで冷凍庫に入れておく。

二 一にAを合わせた天ぷら衣をつけて、180〜190℃の油でさっと揚げる。

［材料4人分］

バニラアイスクリーム（200g入り）………1個
ケーキ用スポンジ………1cm厚さのもの4枚
A 水………1カップ
A 天ぷら粉………1カップ
揚げ油………適量

10円まんじゅう天ぷら

富美男のこだわりポイント

僕のふるさと、福島の料理。本当は普通のまんじゅうを使うけど、ひと口サイズで食べやすくしてみたよ。

一 10円まんじゅうに軽く小麦粉をふって、Aを合わせた衣をつけ、180℃の油で揚げる。

[材料2人分]

10円まんじゅう………6個
A 水 ……………………1/4カップ
A 天ぷら粉 …………1/4カップ
揚げ油…………………適量

マロンコロッケ

一 さつまいもは皮をむき、角切りにして一度水にさらし、茹でて裏ごしする。

二 一につぶすかみじん切りにした栗の甘露煮を加えて、ボール状に丸める。

三 二を小麦粉、溶き卵、パン粉の順につけて、180℃の油で揚げる。器に盛り、ホイップクリームを添えて、レンジにかけて溶かしたチョコレートを全体にかける。

［材料2人分］

さつまいも……………………………1/2本
栗の甘露煮……………………………6～7粒
小麦粉、溶き卵、パン粉…………適量
揚げ油…………………………………適量
ホイップクリーム、板チョコ………各適量

まずは一品
サラダと和え物
蒸し物・煮物・焼き物・炒め物
揚げ物
ご飯・めん・スープ
甘味

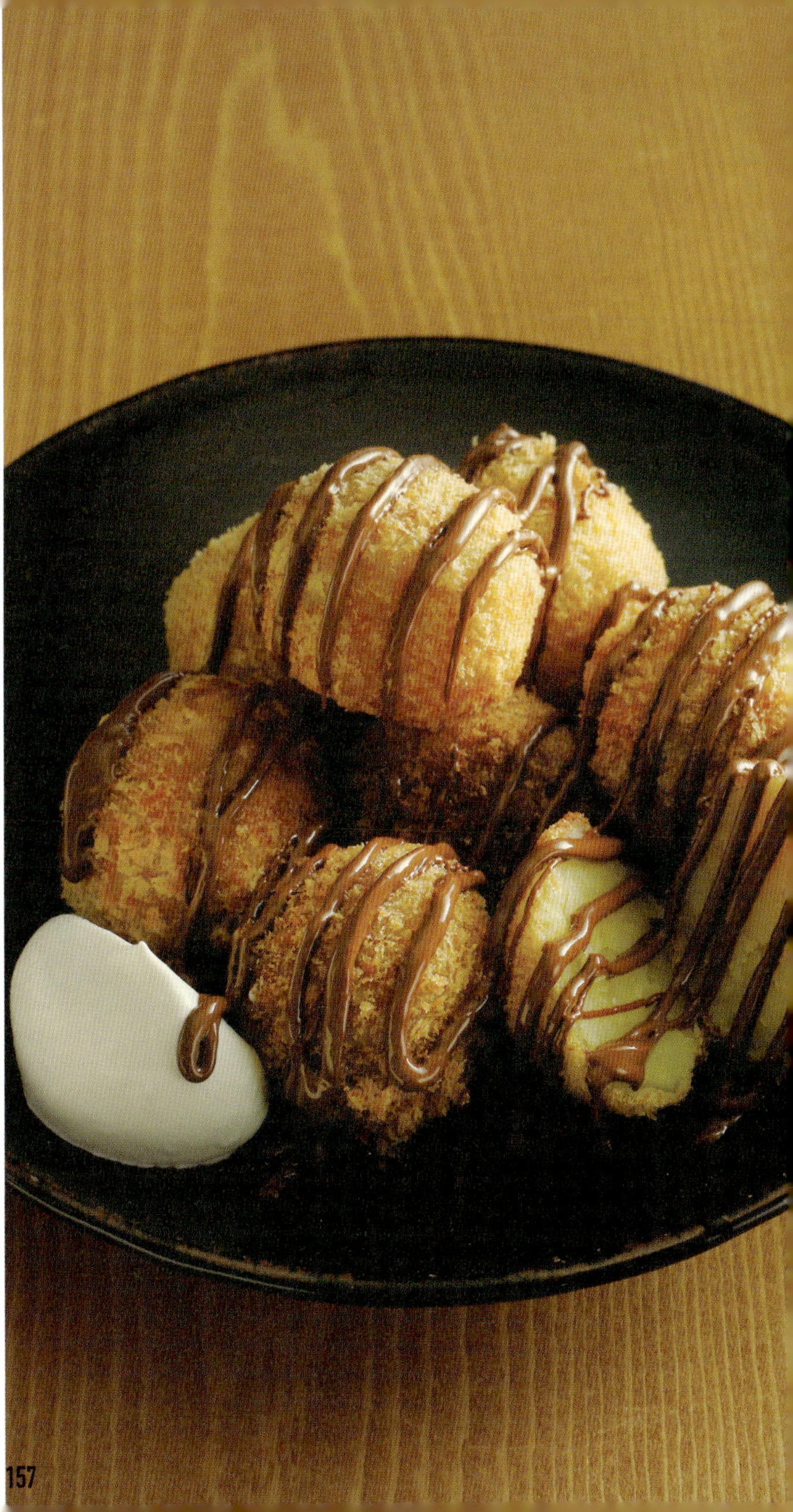

じゃがいももち

一 じゃがいもは皮つきのまま茹でて皮をむき、つぶす。

二 一に片栗粉を加えて混ぜ、10等分にしてから丸めて上下を押し、平たくする。

三 サラダ油を熱したフライパンで二の両面に焼き色をつけたら、Aの砂糖じょう油をからめるように焼く。

［材料2人分］

	じゃがいも（中）	2個
	片栗粉	大さじ3
	サラダ油	適量
A	砂糖	大さじ2
A	しょう油	大さじ2

かんざらし

一 Aを鍋に入れて熱し、砂糖を溶かしたら容器に入れて冷蔵庫で冷やしておく。

二 ボウルに白玉粉と手でくずした絹ごし豆腐を入れて、耳たぶくらいの固さになるまでよく練る。固ければ、水少々（分量外）を加える。

三 二を小さめのボール状に丸め、たっぷりのお湯で茹で、浮いてきたら冷水にとって冷ます。一と一緒に器に盛る。

［材料4人分］

	白玉粉	150g
	絹ごし豆腐	1/2丁
A	砂糖	160g
A	水	1/2カップ
A	メープルシロップ	大さじ3

車麩のフレンチトースト

一 車麩は合わせたAに1時間ほどひたしておく。

二 フライパンにバターを入れ、一を焼き色がつくまで焼く。

富美男のこだわりポイント

ふわっとした食感と、卵と牛乳の甘さが、酒と濃い味つけになれた舌と胃にやさしい味わいなんだ。

［材料2人分］

車麩……………4個

A
- 牛乳 ………1カップ
- 砂糖 ………大さじ2
- 卵 …………1個
- 塩 …………少々

バター…………大さじ2

富美男店長秘蔵

旬のおつまみレシピ

春夏秋冬、季節ごとの旬食材を使ったこだわりレシピ集！
旨いものを作るには、食材が一番輝くときを狙うのが通というもの

新玉ねぎ

３月頃から出回り始める。通常の玉ねぎより水分が多く、辛味が少ないのが特徴。

たらの芽

別名「山菜の王様」。天ぷらにして丸ごと食べると口いっぱいに香りが広がる！

新じゃが

サイズは通常のじゃがいもより小さめ。水分多めの瑞々しさが特徴的。

わらび

春の山菜の一種。毒性があるので、塩漬けか重曹などで必ずアク抜きをするように！

菜の花

食用に使われるのはつぼみの若い芽の部分。独特の苦みがクセになる。

春 旬レシピの食材紹介

厳しい寒さを乗り越え、
あたたかな春の訪れを告げる食材たち
瑞々しさとさわやかな香りが心も
軽やかにさせてくれるはず

たけのこ

たけのこは鮮度が命。水煮もいいが、せっかくの春は生で買って調理しよう。

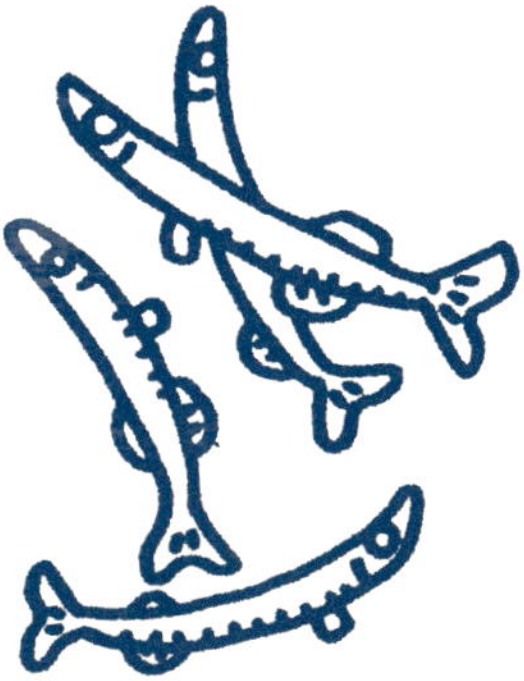

しらうお

透き通った美しい体を持つ小魚。活きのいいものはそのまま踊り食いでも！

うど

「うどの大木」よろしく、育ち過ぎないうちの収穫が望ましい。アク抜きは必須！

ふき

シャキッとした歯ざわりが楽しい春野菜。選ぶときは茎に傷がないか注意しよう。

ふきのとう

独特のほろ苦さを楽しむ春の山菜の代表。アク抜きはくれぐれも忘れずに！

新玉ねぎの丸ごと煮

新玉ねぎは皮をむいて上下を切り落とし、しょう油大さじ1、みりん小さじ1で味つけしただし汁2~3カップで丸ごとやわらかくなるまで煮る。温かいままでも、冷蔵庫で冷たく冷やしてもおいしくいただける。

新玉ねぎのオニオンリング

玉ねぎは皮をむいて輪切りにし、1本ずつリングになるようにほぐす。薄皮を丁寧に取って、ビニール袋に天ぷら粉と一緒に入れて軽くふる。天ぷら粉40gとコーンスターチ40g、ビール1/2カップ、塩、こしょうを混ぜた衣をつけて油で揚げる。

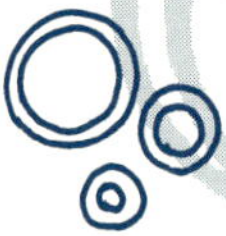

ふきのとうみそ

ふきのとうはよく洗って、多めに塩を入れたたっぷりのお湯で2~3分茹でる。ザルにあげて水にさらし、水気をよく絞ったら、みじん切りにして多めの油で輪切りにした鷹の爪と一緒によく炒める。味噌（ふきのとう20個につき100gくらい）と砂糖と酒各適量を混ぜて加え、中火でよく練りながら炒める。

新じゃがメークインそうめん

じゃがいもはスライサーで薄くスライスし、さらに刺身のつまのように細く切る。水にさらした後、10～20秒茹でてザルにあけ、冷水でしめる。器に一人分ずつ盛り、うずら卵をのせて、めんつゆをかける。シャキシャキ感が出るように、茹で過ぎないのがポイント。

新じゃが男爵揚げ煮

小さめの新じゃがいもをたわしでよく洗い、大きいものは同じくらいの大きさになるように切る。水気をふいて、皮つきのまま竹串が通るようになるまで素揚げする。鍋に入れて、だし1カップ、砂糖大さじ1、しょう油大さじ1、みりん大さじ2で煮る。

菜の花としらすのパスタ

菜の花はさっと茹でて、食べやすい大きさに切っておく。フライパンににんにくのみじん切りと、鷹の爪、オリーブオイルをいれて火にかけ、茹でたパスタとパスタのゆで汁を少量加え、さっと合わせる。菜の花を入れ、塩で味をととのえたら、最後に少量しょう油をたらす。皿に盛り、たっぷりのしらすをのせる。

わらびの生ハム巻き

わらびは重曹（わらの灰があればさらに良い）をまぶしておく。鍋に入れ、上から熱湯をかけて落しブタをし、その上に軽く重石をしたらそのまま一晩おいてアクを抜く。よく水洗いして、４～５㎝に切りそろえ、生ハムで巻く。

わらびマヨネーズ

わらびは上記の「わらびの生ハム巻き」を参照にしてアクを抜いておく。アクを抜いたわらびを４～５㎝に切って小鉢に盛り、しょう油とだしを混ぜたマヨネーズをかける。

わらびのしょう油漬け

わらびは上記の「わらびの生ハム巻き」を参照にしてアクを抜いておく。わらびとしょうがを細かく刻み、タッパーに入れてしょう油を回しかける。ふたをして、冷蔵庫に入れ、４～５時間味がなじむまでおいておく。食べるときはごはんや豆腐にかけると良く合う。

たけのこステーキ

たけのこは皮つきのままよく洗って、頭のところを斜めに切り落とし、縦に1本切り込みを入れる。たけのこがかぶるくらいの水に米ぬか（なければ水の代わりに米のとぎ汁を使う）と鷹の爪を入れ、落としブタをして茹でる。茹で上がったたけのこは輪切りにし、薄力粉を軽くまぶす。フライパンにバターを熱してたけのこを焼き、酒大さじ1、みりん、しょう油各大さじ2を合わせたものを入れて、軽く煮つめる。

たけのこ天

たけのこはかぶるくらいの水に米ぬか（なければ水の代わりに米のとぎ汁を使う）を加え、落としブタをして茹で、細かく切っておく。白身魚のすり身４００ｇに卵1個、片栗粉大さじ1、みりん大さじ2を入れてよく混ぜ、顆粒のだしかうまみ調味料を少々加える。すり身にたけのこを混ぜ、小さめの小判型にまとめて油で揚げる。

たけのこバターしょう油炒め

たけのこはかぶるくらいの水に米ぬか（なければ水の代わりに米のとぎ汁を使う）を加え、落としぶたをして茹でる。食べやすい大きさに切り、バターとしょう油で炒める。

ふきちらし

ふきは皮をむき5～6㎝の長さに切って、しょう油、みりん各大さじ1、塩少々で味をつけただし汁2カップでさっと煮る。軽く火が通ったら火を止め、冷ましながら味をしみ込ませる。十分に冷めたら小口切りにしておく。合いびき肉は甘辛くそぼろに、ちくわは薄切り、卵は炒り卵にする。酢を控えめにしたすし飯に具を混ぜ込む。

ふきの葉ナムル

ふきの葉はたっぷりのお湯で茹でたら、冷水に取って冷まし、4～5㎝のざく切りにする。水気を絞ってボウルに入れ、塩、砂糖各少々、すりごま大さじ4、おろしにんにく1片分、ごま油少々を加えて味がなじむようによく混ぜ合わせる。

ふきの豚しゃぶ巻き

ふきは皮をむき、シャキッとした歯ざわりが残る程度に茹でて、斜め薄切りにしておく。しょう油大さじ1、塩少々、酒1/4カップで薄めに味つけしただし汁3カップを沸かして、豚しゃぶ用の肉をさっとくぐらせ、軽く色が変わったら豚肉にふきを巻いてポン酢、またはごまだれをつけて食べる。

たらの芽白和え

たらの芽は塩を加えたお湯で湯がき、水気を切って適当な大きさに切り、だし汁大さじ1、みりん大さじ2、しょう油大さじ1・1/2、塩少々で下味をつける。絹ごし豆腐1丁を3～4分茹で、水切りしてから無糖のピーナッツバター（または練りごま）大さじ3を入れて和え衣にする。たらの芽を加えて混ぜたらごまをふる。

しらうおの卵とじ

しらうお100gはさっと洗っておく。小鍋にだし汁1カップを煮立て、塩少々、しょう油、みりん各大さじ1で味つけし、小さめに切った絹ごし豆腐1丁としらうおを入れて煮る。溶き卵3個分を流しいれ、半熟に固まったら火を止めて、三つ葉を散らす。

うどのきんぴら

うど1本は斜め薄切りにして、水にさらしておく。ごま油を熱したフライパンで鷹の爪の輪切りを炒め、香りが立ったらうどを入れる。砂糖小さじ2、しょう油大さじ3、みりん大さじ1で濃いめに味つけし、仕上げにごまをふる。

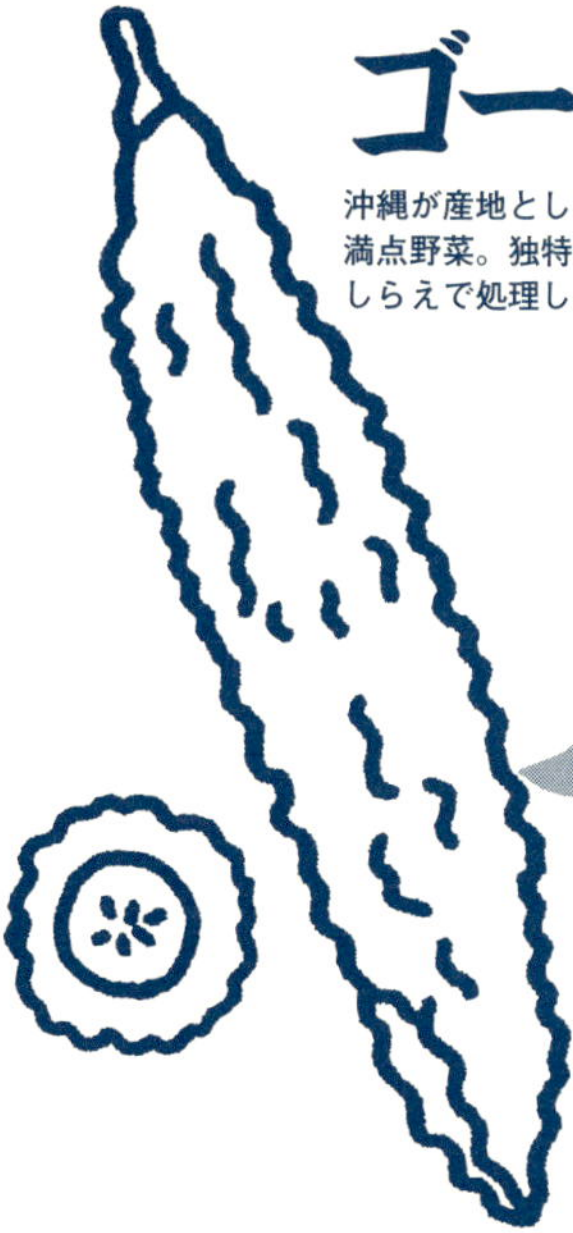

ゴーヤー

沖縄が産地として有名な栄養満点野菜。独特の苦みは下ごしらえで処理しよう。

ズッキーニ

豊富なビタミンが特徴。油と合わせて使えば味も栄養もグンとアップするぞ。

かぼちゃ

ほくほくした食感と豊富な栄養を持つ人気野菜。酒の〆の甘味に使っても◎。

しし唐

唐辛子の仲間だが、辛さはなし。緑が濃くて皮にツヤのあるものを選ぼう。

夏旬レシピの食材紹介

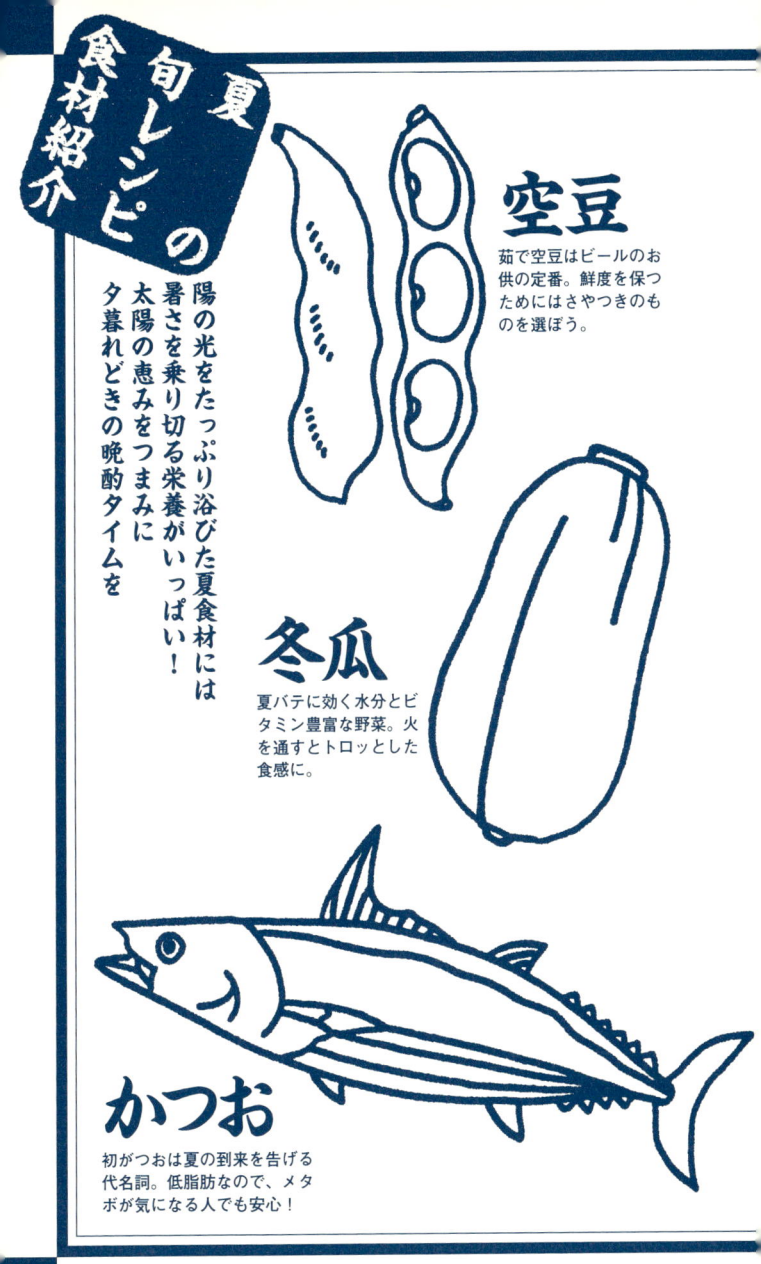

陽の光をたっぷり浴びた夏食材には
暑さを乗り切る栄養がいっぱい！
太陽の恵みをつまみに
夕暮れどきの晩酌タイムを

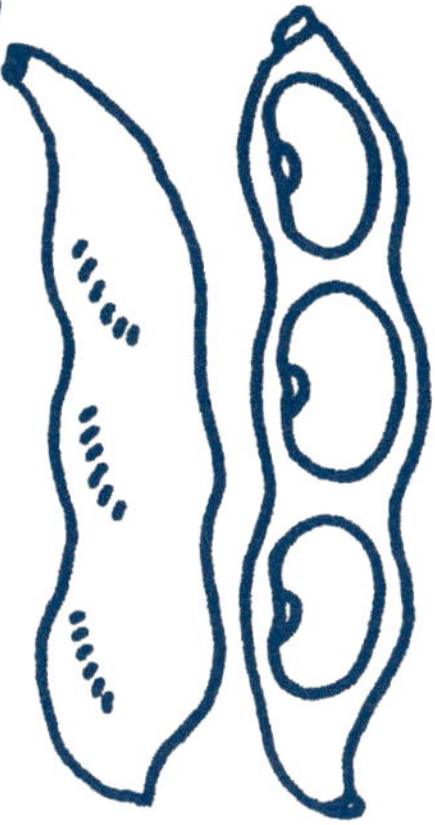

空豆

茹で空豆はビールのお供の定番。鮮度を保つためにはさやつきのものを選ぼう。

冬瓜

夏バテに効く水分とビタミン豊富な野菜。火を通すとトロッとした食感に。

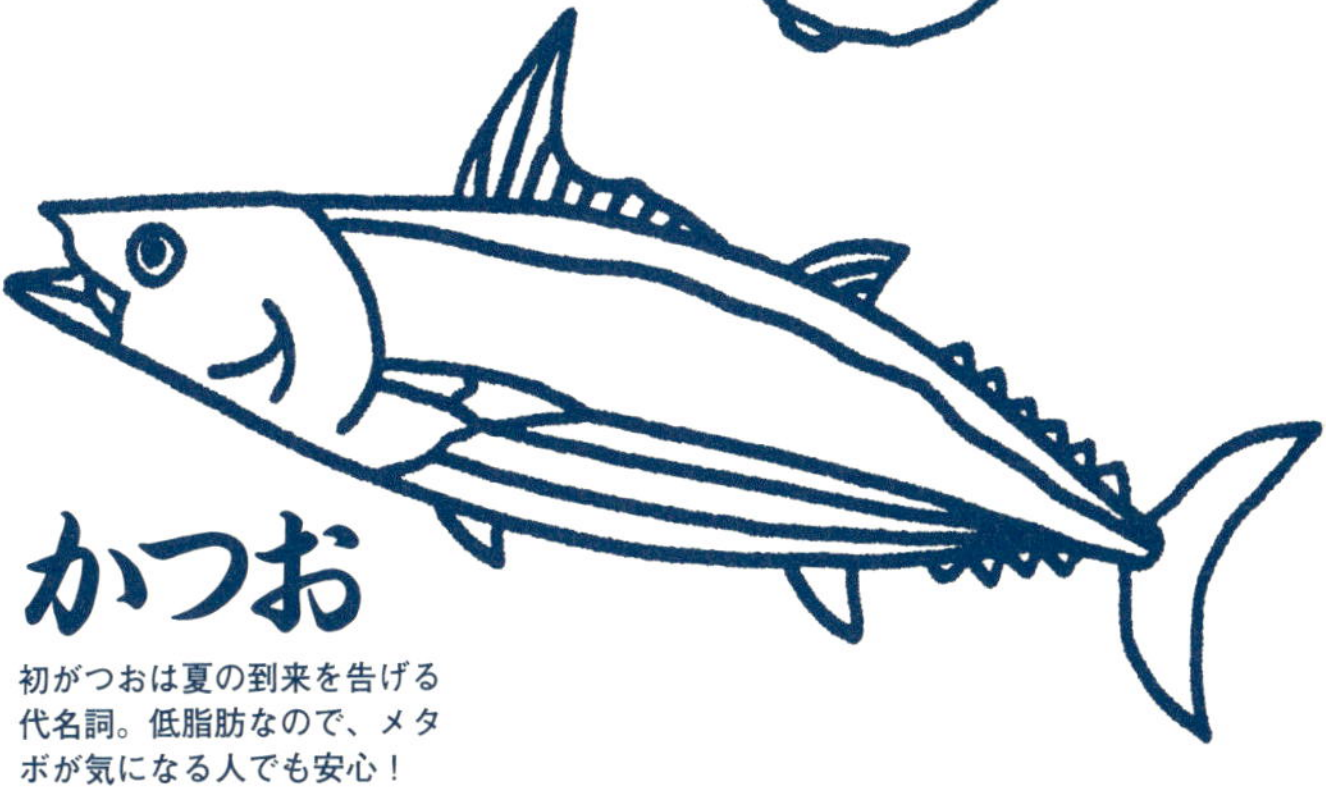

かつお

初がつおは夏の到来を告げる代名詞。低脂肪なので、メタボが気になる人でも安心！

韓国風しし唐

しし唐はさっと洗って種を取り、濡れたまま小麦粉と一緒にビニール袋に入れて軽くふり、小麦粉をまぶす。しし唐を取り出して蒸し器に入れ、10分蒸すか、水をふってレンジにかけてそのまま冷ます。おろしにんにく大さじ1、すった白ごま大さじ3、粉唐辛子大さじ2、しょう油大さじ3、ごま油大さじ2を合わせて、あら熱が取れたしし唐にかける。

しし唐の揚げびたし

しし唐はさっと洗って種を取り、素揚げにする。キッチンペーパーなどで軽く油を取り、熱いうちに好みの濃さにしためんつゆに浸ける。しし唐の温度がゆっくり下がるにつれて味が染み込んでいくので、常温のまましばらくおいておく。

しし唐のえびすり身揚げ

えびはすり鉢でするか、フードプロセッサーにかけてすり身にしておく。大きめのしし唐はさっと洗って水気をふき、縦に切り込みを入れる。種を取ったら中に小麦粉をふり、えびのすり身をつめて油で揚げる。

春の旬レシピ
夏の旬レシピ
秋の旬レシピ
冬の旬レシピ

ズッキーニベーコン炒め

ズッキーニは半月切りに、ベーコンは細かく切っておく。フライパンにサラダ油（またはごま油）を熱し、にんにくのみじん切りを炒め、香りが立ったらベーコンとズッキーニを加え、ズッキーニがしんなりしたら塩、こしょうで味つけする。

冬瓜かにあんかけ

冬瓜は皮をむいて、食べやすい大きさに切る。ひたひたのだし汁に砂糖、塩、酒、薄口しょう油各適量で味をつけ、やわらかくなるまで煮る。煮汁の味をみて、薄いようならしょう油を足す。かに缶を汁ごと入れ、水溶き片栗粉でとろみをつけて器に盛った冬瓜にかける。

冬瓜のカレー煮

冬瓜は皮をむいて食べやすい大きさに切る。鍋にだし汁1・1/2カップ入れて熱しておく。油を熱したフライパンでカレー粉と鶏肉を炒めて、冬瓜と一緒に鍋のスープに入れて煮る。しょう油大さじ3、しょうが汁小さじ2、塩少々で味をととのえて片栗粉でとろみをつけ、茹でた枝豆を混ぜる。

かぼちゃの素揚げ

かぼちゃは軽く水洗いしてよく水気をふき、種を除いて薄切りにし、素揚げにする。キッチンペーパーなどで油を切ってから皿に盛り、塩をふる。塩は好みで、山椒などを加えてもおいしい。

かぼちゃもち

かぼちゃの皮をむき、茹でて（または蒸して）つぶす。塩少々と片栗粉（かぼちゃ500gにつき大さじ4～6）を混ぜ、よくこねる。適量手に取り、中にとろけるチーズを入れて小さめの小判型に丸める。フライパンにバターを熱して焼き色がつくまで焼く。

かぼちゃのサブジ

かぼちゃはいちょう切りにしてレンジで20～30秒加熱する。しょうがとにんにくをみじん切りにして、油で炒め、かぼちゃ、カレー粉、塩適量を加えてさっと炒め、フタをしてこげないように様子を見ながら10～15分ほど蒸し煮にする。

かつおにんにく

皮のついたかつおは軽く薄力粉をまぶし、さくのままフライパンで全面を軽く焼いてスライスする。皿にサラダ菜など好みの野菜を敷き、かつおを並べる。カリカリに揚げたにんにくスライスをのせ、しょう油大さじ2、豆板醤適量、煮切り酒大さじ2、白だし大さじ1、にんにくを揚げた油少々を合わせてかける。

かつおユッケ

かつおは細かく切って、にんにくとしょうがのすりおろし、コチュジャン各少々、砂糖大さじ1/2、しょう油大さじ1、ごま油少々と合わせておく。長いもをビニール袋に入れて、すりこ木で軽くたたき、かつおと混ぜて器に盛り、うずら卵、ごまと青シソの千切りをのせる。

かつおの漬け

かつおをサイコロに切る。小鍋に酒、しょう油各大さじ3、みりん大さじ2を煮立てて漬けのたれを作り、冷ましておく。たれにかつおを漬けてしばらくおき、味が染みたら器に盛ってあさつき、みょうが、しょうがなどの薬味をたっぷりのせる。

夏の旬レシピ

焼き空豆

空豆はさやごとオーブントースターに入れて10分焼く。皮に焼き目がついたら取り出してあら熱を取る。さやをむいて中身を出し、塩をつけながら食べる。塩は好みでハーブなどを混ぜてもおいしくいただける。

空豆ソテー

空豆はさやから出し、皮に切り込みをいれて塩水で2~3分茹でてザルにあける。あら熱が取れたら皮をむいて、油を熱したフライパンでほっくりするまで炒め、塩、こしょうで味つけをする。

空豆豆腐

だし1/2カップにしょう油、塩各少々で味つけし、ゼラチン7gを溶かしておく。ミキサーにやわらかく茹でて皮をむいた空豆と豆腐1丁、だしを入れて撹拌する。固いようならだしを足し、容器に流し入れて冷やす。おたまですくって、冷たいだしを注いだ器に盛り、わさびを添える。

ゴーヤとうなぎの卵あんかけ焼きそば

ゴーヤは半分に切って種とワ

タをとって薄切り、うなぎの蒲焼きは食べやすい大きさに切っておく。ごま油でゴーヤを炒め、しんなりしたら顆粒かつおだしと塩、こしょうで味つけし、うなぎを加えてくずさないように炒め、皿に取っておく。焼きそば用の麺を炒めて皿に盛り、取っておいたゴーヤとうなぎをのせる。別のフライパンに油を熱し、溶きほぐした卵を入れて手早くスクランブルエッグを作り、しょう油大さじ1、塩小さじ1、酒大さじ1で調味した鶏ガラスープ2カップを注いで水溶き片栗粉でとろみをつけ、ゴーヤとうなぎの上からかける。

ゴーヤチンジャオロース

ゴーヤは細長く切り、じゃがいもも細長く切ってさっと水にさらしておく。牛もも肉は細切りにしてしょう油大さじ2、塩、こしょう各少々で下味をつける。フライパンにサラダ油を熱し、肉を入れてほぐしながら炒める。じゃがいも、ゴーヤを加えてオイスターソース大さじ1、砂糖小さじ1、しょう油大さじ2、塩、こしょうで味つけする。

ゴーヤのワタの天ぷら

ゴーヤを調理した際に残ったワタを取っておき、種だけ取り除いて軽く丸め、水、卵、小麦粉を合わせた天ぷらの衣をつけて揚げる。

秋 旬レシピの食材紹介

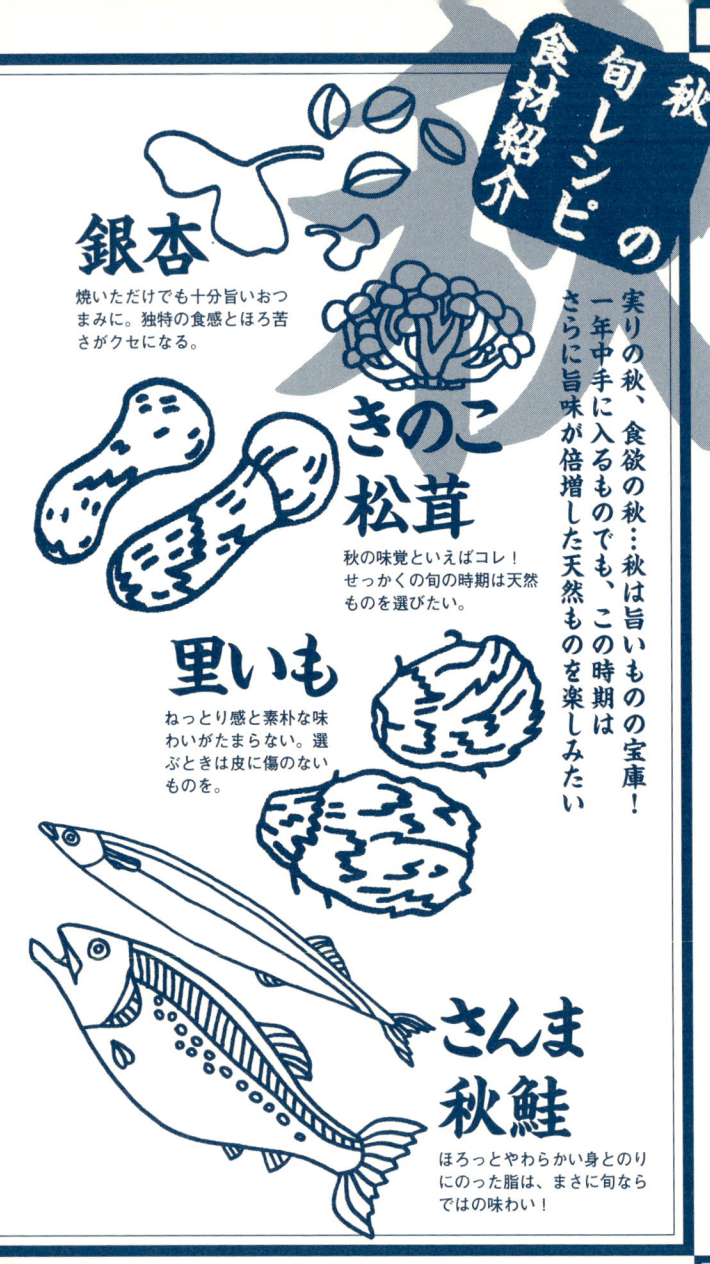

実りの秋、食欲の秋…秋は旨いものの宝庫！
一年中手に入るものでも、この時期は
さらに旨味が倍増した天然ものを楽しみたい

銀杏

焼いただけでも十分旨いおつまみに。独特の食感とほろ苦さがクセになる。

きのこ 松茸

秋の味覚といえばコレ！せっかくの旬の時期は天然ものを選びたい。

里いも

ねっとり感と素朴な味わいがたまらない。選ぶときは皮に傷のないものを。

さんま 秋鮭

ほろっとやわらかい身とのりにのった脂は、まさに旬ならではの味わい！

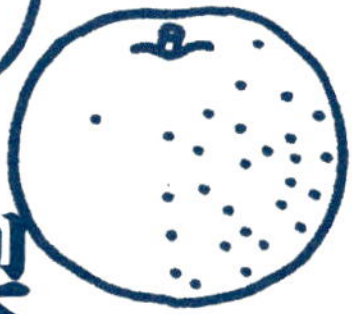

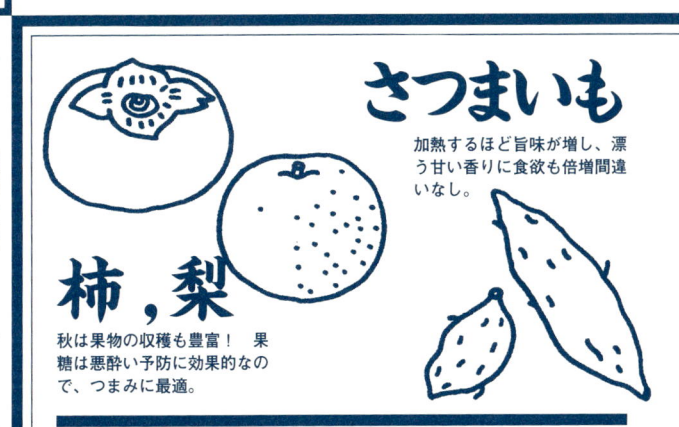

さつまいも

加熱するほど旨味が増し、漂う甘い香りに食欲も倍増間違いなし。

柿,梨

秋は果物の収穫も豊富！　果糖は悪酔い予防に効果的なので、つまみに最適。

銀杏素揚げ

銀杏はカラから出して、薄皮ごと素揚げする。薄皮は揚げているうちに取れてくるのでそのままで良い。キッチンペーパーなどで油を軽く切って、器に盛り、塩をふる。

銀杏飛竜頭

銀杏はカラと薄皮をむき、茹でるか炒る。ゆり根とえびを軽く茹で、銀杏、薄切りにしたしいたけと一緒にしょう油で下味をつけておく。木綿豆腐を水切りし、山芋はすりおろしておく。すべての材料と卵、塩を混ぜ、食べやすい大きさに丸めて油で揚げる。しょうがじょう油で食べるか、軽くお湯をかけて油切りし、だし汁、砂糖、しょう油、みりんで煮てもおいしい。

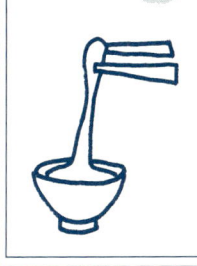

土鍋松茸ごはん

米は洗って30分おいておく。土鍋に米の1.2倍（固めが好きなら少なめに）のだし汁を入れ、しょう油で味をつけたら米と松茸を入れて火にかける。最初は強火で、沸騰したら弱火にして6～7分、火を止めて15～20分蒸らす。おこげを作りたい場合は、火を止める直前に30秒だけ強火にする。

きのこソース

好みのきのこを用意し、みじん切りにする。オリーブオイルとバターを熱したフライパンで、にんにくのみじん切りときのこを入れて弱火でじっくり炒める。塩、こしょうで味つけし、焼いた肉や魚、パスタにかけて食べる。

きのこ春雨

好みのきのこを用意し、大きいものは切っておく。ピーマン、ザーサイ、豚肉はそれぞれ1㎝幅に切る。春雨は茹でて水に取って冷ましておく。ピーマン、きのこ、豚肉をごま油で炒めて、塩、こしょうをふり、春雨、鶏ガラスープの素小さじ1、酒、しょう油各大さじ1、ザーサイを加えてさらに炒める。

きのこのマリネ

きのこは好みのものを用意し、大きいものは切るかほぐして、石づきを取っておく。鍋に水と白ワインビネガーを同量入れて火にかけ、塩と種を除いた鷹の爪2本、ローリエ2枚入れる。沸騰したらきのこを入れて4～5分煮、水気を切って容器に移し、つぶしたにんにく2片、塩、こしょうを入れて、オリーブオイルを回しかけて冷蔵庫で冷やす。

里いも煮っころがし

里いもは皮をむいて塩をふり、よく揉んでぬめりが出たら洗い流す。鍋にだし昆布と里いも、ひたひたの水を入れ、7～8分煮る。昆布を取り出してしょう油大さじ2、酒、みりん、砂糖各大さじ1を入れ、アルミホイルで落としぶたをして、中火で15分煮含める。いもがやわらかくなったら火を強め、鍋をゆすって照りを出す。

里いもの和コロッケ

里いもは蒸すかレンジにかけて、熱いうちに皮をむいてつぶす。ひき肉とみじん切りのねぎを炒め、だしじょう油少々で味つけし、里いもと混ぜてボールのように丸めて小麦粉、卵、パン粉の順につけて油で揚げる。

さつまいもバターしょう油炒め

さつまいもは拍子切りにし、水にさらしてアクを抜く。水気を切ったさつまいもと1㎝に切ったベーコンを一緒にバターで炒め、しょう油で味つけして七味をふる。

さつまいもの素揚げ

さつまいもは拍子切りにして水にさらしてアクを抜き、竹串がすっと通るくらいになるまで素揚げする。皿に盛り、半量には塩をふって、残りはそのまま小皿で添えたメープルシロップにつけて食べる。

梨の生ハム巻き

梨は皮をむいて4等分にし、芯を取ってさらに1㎝くらいの厚さに切る。生ハムを巻いて、黒こしょうをふる。

秋の旬レシピ

柿の生ハム巻き

柿は皮をむいて4等分にし、芯を取って1㎝くらいの厚さに切り、生ハムを巻く。マヨネーズを生クリーム少々（なければコーヒーのポーションでも可）で溶きのばし、しょう油を混ぜたソースを筋状にかける。

さんまの梅煮

さんまは内蔵を除いて4等分にする。圧力鍋にさんまと梅干し、しょう油大さじ4、砂糖大さじ2、みりん大さじ2、酒1カップを入れ、骨がやわらかくなるまで煮る。

さんまのおろし煮

さんまは内臓を除いてぶつ切りにし、おろししょうが、しょう油、酒で下味をつけ、片栗粉をまぶして油で揚げる。しょう油小さじ2、みりん大さじ1、塩少々で味をつけただし汁1カップを煮立てて、さんまを入れる。ひと煮立ちしたら、大根おろしをたっぷり入れてさっと煮る。

秋鮭の簡単チャンチャン焼き

味噌大さじ6、みりん大さじ2、酒大さじ4、砂糖大さじ2、すりごま大さじ1、一味唐辛子を合わせておく。フライパンで塩、こしょうした鮭の切り身を焼いていったん取り出し、ざく切りにしたきゃべつともやし、しめじなど好きな野菜を炒める。耐熱皿に野菜を敷き、鮭をのせて合わせ味噌をかけ、バターをのせてアルミホイルをかぶせてオーブンで10分焼く。一人分ずつアルミホイルに包んで焼いてもよい。

小松菜

栄養豊富な優秀野菜。葉の緑色が濃く、しっかりしたものが新鮮なあかし。

ゆず

含んだ瞬間口いっぱいに広がる芳香は、口内を一気にさわやかにしてくれる。

たら

淡白でやわらかい身は鍋や煮つけに。一匹買ったら新鮮な白子も是非味わいたい。

冬 旬レシピの食材紹介

寒い時期はこたつに入って
キュッと一杯、
心と身体を温める滋味たっぷりの
冬食材をつまみで堪能しよう

春菊

冬の鍋料理に欠かせない存在。独特の苦みと香りを活かした調理を。

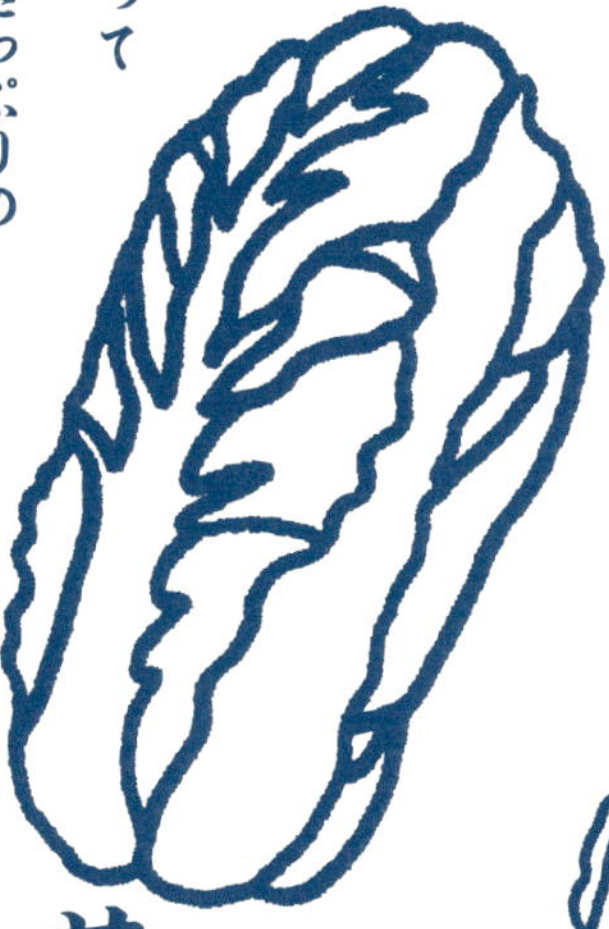

白菜

冬の葉物野菜代表格。生でシャキッと、加熱してトロトロにと食感も変幻自在！

かぶ

どんな味つけにも合う淡白な味わい。葉と実は別々に保存しよう。

春菊のジェノベーゼ

春菊は葉の部分をさっと湯通しして刻む。松の実とくるみはフライパンで空炒りする。にんにくのみじん切り、多めのオリーブオイル、春菊、松の実、くるみ、削ったパルミジャーノをミキサーにかける。塩、こしょうで味をととのえ、茹であがったパスタとからめる。

春菊といかのかき揚げ

春菊の葉はざく切りに、いかは1㎝幅に切っておく。卵と焼酎、水（合わせて1カップ）に薄力粉1カップを混ぜ、衣にする。春菊といかを衣に混ぜ、油を薄く塗った木べらで1つ分ずつすくい、熱した油に入れて揚げる。

春菊のあんかけチャーハン

春菊と豚肉は小さめに切り、しめじは小房に分ける。卵チャーハンを作っておく。にんにくとしょうがのみじん切りを油で炒め、春菊と豚肉、しめじも加えて炒める。鶏ガラスープ1カップを入れ、しょう油大さじ1と塩少々で味つけし、水溶き片栗粉でとろみをつけてチャーハンにかける。

かぶのしょうゆ漬け

かぶはよく洗って皮をむき、くし形に切っておく。塩昆布としょう油、酒、鷹の爪の小口切りを混ぜ、かぶを漬ける。そのまま1時間ほどおけば、十分おいしく食べられるようになる。

富山のかぶらごき

かぶは皮をむいて一口大に切り、葉っぱの部分も2～3㎝に切る。塩を入れたお湯でかぶと葉っぱをゆで、冷水にとって冷やす。水気をきったら、大根おろし（こちらも水気を切る）と混ぜる。しょうゆ、七味をかける。

かぶのクリーム煮

かぶはくし形に切り、ひと口大に切った鶏肉、白菜と一緒に炒め、塩、こしょうをして2㎝幅に切った油揚げ、水1・1/2カップと牛乳1カップを入れ、固形スープの素を加えて煮込む。生クリーム適量を加えたら、片栗粉でとろみをつける。

白菜のサラダ

白菜は生のまま千切りにして皿に敷き、好みの白身魚とサーモンの刺身をのせる。その上から、ぽん酢にもみじおろしと万能ねぎのみじん切りをたっぷり混ぜたものを回しかけ、全体をよく混ぜて食べる。

白菜と豚肉の重ね蒸し

フタつきの鍋の底にひと口大に切った白菜を敷きつめる。その上に豚肉を敷き、さらに白菜、豚肉の順に繰り返し重ねる。上から酒をふりかけて、鍋を火にかける。豚肉に火が通ったら鍋ごと食卓に出し、取り分けてぽん酢と七味で食べる。

白菜甘酢漬け

鷹の爪は小口切りにして、酢1/2カップ、しょう油大さじ2、塩小さじ1、砂糖少々と混ぜておく。白菜は芯をそぎ切りに、葉はざく切りにしておく。ごま油を熱して白菜の芯を炒め、油がなじんだら葉と合わせ調味料を入れてひと煮立ちさせ、汁ごと冷ます。

小松菜の煮びたし

小松菜は根を切り落とし、葉と茎に分けてそれぞれ4～5cmに切る。油揚げ2枚は熱湯をかけて油抜きし1cm幅に切る。鍋に油を熱して油揚げ、小松菜の茎、鷹の爪の小口切りを炒める。軸がしんなりしたら、だしを加え、2～3分煮る。葉先を加え、しょうゆと酒（2対1）を入れ、炒め煮にする。

小松菜の炒め物

小松菜はざく切り、しょうが1片はみじん切り、にんにく1片はスライスする。しょうがとにんにくをごま油で炒め、小松菜を入れて強火でシャキッと炒める。しょう油、塩、うま味調味料で味つけする。

小松菜の卵とじ

油揚げは熱湯をかけて油抜きし、細切りに、小松菜はざく切りにする。だし汁1カップに砂糖小さじ1、しょう油、酒各大さじ2、みりん大さじ1で味つけし、小松菜と油揚げをさっと煮る。卵を割りほぐして回しかけ、卵とじにする。

ゆずたっぷりの白菜と豚肉サラダ

白菜はさっと茹でて1㎝幅に切り、豚肉は軽く湯通しして冷水に取って冷ます。ゆずは皮をむいて実を絞り、絞り汁は同量のごま油としょう油と合わせておく。皮は千切りにして、白菜、豚肉と合わせ、合わせ調味料で和える。

ゆず鍋

土鍋にだし用の昆布と水を入れて火にかけ、塩と酒で味をつける。鯛（ぶりでも可）、豚肉、ピーラーで薄切りにした大根、しめじ、水菜、豆腐を煮て、輪切りのゆずをたっぷりのせる。大根おろし、ゆずぽん、七味を合わせたたれにつけて食べる。

ゆず酒

ゆず1kgはきれいに洗い、へたを取ってよく乾かし、皮をむく。皮についている白いところはなるべくきれいに取る。果実酒用の瓶にゆずの皮、氷砂糖150g、輪切りにしたゆずの実を交互に入れ、ホワイトリカーを1.8ℓ注ぐ。フタをして1か月経ったら実と皮を取り出し、さらに2か月おけばできあがり。

たらのグラタン

たらは皮を取り、食べやすい大きさに切って塩をふり、30分おく。じゃがいもは皮をむき、5㎜の厚さに切って、牛乳でやわらかくなるまで煮る。グラタン皿にじゃがいもを敷いて塩、こしょうをする。フライパンに油を熱して、にんにくのみじん切りとたらを炒めたら、塩、こしょうをふってじゃがいもの上にのせる。生クリームを注ぎ、パン粉と粉チーズを好みの量かけて、バターをのせたらオーブンで20分焼く。

たら汁

たらは食べやすい大きさに切って塩を振り、10分ほどおいておく。熱湯にくぐらせたら水気を切る。大根はいちょう切り、まいたけは裂いておく。ねぎは斜め切りにする。鍋に昆布と水4カップと酒1/4カップを入れ、大根とたらを加えて火にかける。アクを取り除いて、ねぎとまいたけ、たらの白子を入れて塩としょう油で味をととのえる。

たらと白子のソテー

たらと白子は多めに塩をふって10分ほどおいておく。水気をふき、こしょうをふって小麦粉をまぶす。みじん切りのにんにくをオリーブオイルで炒め、たらと白子をソテーする。表面がカリッとしたら白ワインと香りづけのしょう油をふる。

著者プロフィール

梅沢富美男

うめざわ とみお

俳優、歌手。梅沢武生劇団副座長。

1950年生まれ。福島県出身。

料理歴は長く、若い頃は劇団の料理番を務め、寿司屋での修行経験もある。テレビ番組の企画でプロの料理人と対決しても、その腕前は決してひけを取らず、芸能界随一と名高い。

撮影	鵜澤昭彦（スタジオ・パワー）
スタイリング	久保田加奈子
料理アシスタント	マダムマーサクッキングスタジオ（松本千恵子／蓬原 泉）
カバー・本文デザイン	Cycle Design
編集制作	風工房（佐々木美輔）

看板役者の旅先仕込み
全国簡単激旨酒肴レシピ180
居酒屋富美男
2008年10月5日　初版第1刷発行

著者●梅沢富美男
発行者●穂谷竹俊
発行所●株式会社 日東書院本社
〒160-0022　東京都新宿区新宿2丁目15番14号　辰巳ビル
TEL●03-5360-7522（代表）　FAX●03-5360-8951（販売部）
振替●00180-0-705733　URL●http://www.TG-NET.co.jp

印刷所・製本所●共同印刷株式会社

ISBN978-4-528-01963-8 C2077